巨人軍vs.落合博満

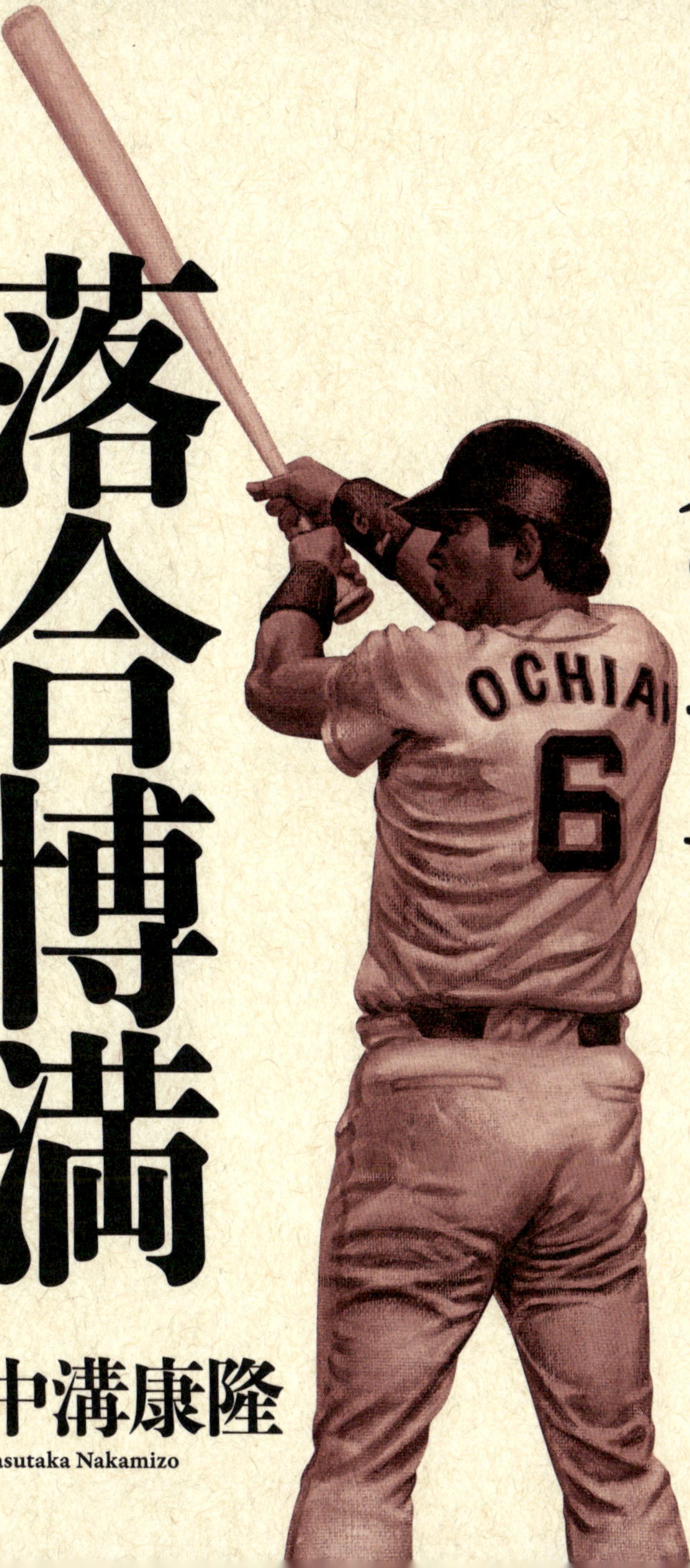

中溝康隆
Yasutaka Nakamizo

文藝春秋

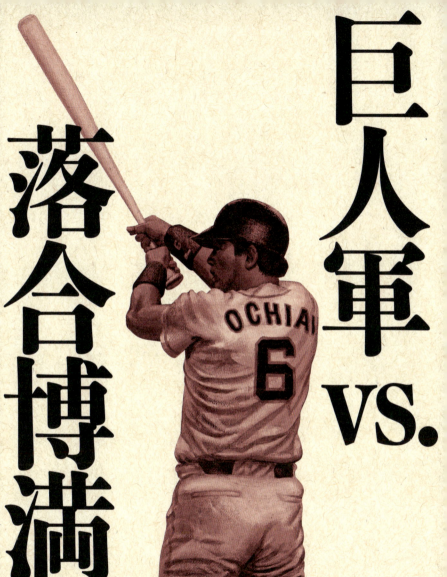

巨人軍vs.落合博満

巨人軍vs.落合博満

目次

第3章 ジャイアンツ1年目（1994年）

第4章 ジャイアンツでの初優勝（1994年）

終章 巨人軍に裏切られたのか

1993年12月21日、年俸約4億円の2年契約で巨人入団を発表した落合博満（40歳）
Sankei Shimbun

1

巨人FA移籍は事件だった

あの頃、落合博満は、確かに時代の先駆者だった。

１９８０年代、３度の三冠王という圧倒的な個人成績を残し、観客低迷に喘ぐパ・リーグのロッテに所属しながらも、右肩上がりで己の年俸を上げていった。１９５３年生まれ、しらけ世代の個人主義者。二軍時代は、ベンチ横でカップラーメンをすする環境から、腕一本で這い上がり、球界最高給にまで上り詰めた。華々しいエリート街道とは無縁で、権力や派閥にも背を向ける。ときに「野球なんてものはどこでやろうと同じなんだし、金が欲しけりゃ、自分の腕で欲しいだけつかみ取ったらいい」とうそぶいてみせた。その生き方は、いつからか〝オレ流〟と呼ばれるようになる。

中日へのトレード移籍が決まり、日本人選手初の1億円プレーヤーとなった86年12月、まさに日本も未曾有の好景気へと突入しようとしていた。バブル景気の始まりである。ある意味、落合は時代を体現していた。どこの組織に属そうが、自分に求められる仕事を遂行して、莫大な給料を稼ぐ仕事人。セ・リーグでも多くの打撃タイトルを獲得し、92年には年俸3億円にまで到達した。30代後半を迎え、さすがに打撃成績は徐々に下降線を辿っていたが、生まれ故郷の秋田から始まった男の野球人生は、名古屋で集大成を迎えるかのように思われた。そんな40歳を目前にした落合の前に現れたのが、巨人軍監督の長嶋茂雄とFA制度だった。

プロ野球界は焦っていた

1990年代の前半は、プロ野球界にとっても時代の変わり目だった。平成球界を取り巻く環境は猛スピードで変化しつつあり、読売新聞社の渡邉恒雄社長は「ドラフトを廃止できずにフリーエージェント制も導入できないなら、新リーグを作ればいい。革命的なことをやる時期に来ているんだ」とマスコミの前で吠え、中日の落合のことを聞かれると、「ウチなら5億円出す」なんて豪語してみせた。

FA制度を巡り、1993年の年明けに吉國一郎コミッショナー、セ・パ会長の三者会談でそのオフからの導入が確認されると、1月から3月末までの間に計22回も会議が開かれ、3月12日には読売・渡邉社長と西武・堤義明オーナーが共同戦線を張るため都内のホテルで極秘会談。資格条件を巡って、一軍出場登録日数1シーズン150日以上を10シーズンだけでなく、1000試合出場案も議論されていた。だが、そうなると〝FAの草刈り場〟になると囁かれた西武では、オーナーが寵愛してきた8年目の清原和博も対象になってしまう。ライオンズブルーの背番号3の肖像画をコクド本社の応接室に飾っていた堤にとって、清原だけはどうしても出したくなかった。

巨人側は選手獲得時の補償問題で、FAにより選手を失った球団がドラフト会議で2位指名に入る前に特別指名権を得る案に断固反対しており、「ドラフトを撤廃すれば、企業努力しない、つまらない球団は潰れていく。自然淘汰されていくということだよ」なんてナベツネ節がマスコミを賑わす。

各球団のエゴと思惑が絡まり、二転三転の末に、9月21日にはFA制度の細部の条件を含め最終合意。10月8日に選手会と機構側の間で調印式が行われ、オフからの実施が正式に決定した。

プロ野球界も焦っていたのだ。93年春に始まったサッカーのJリーグは社会的ブームとなり、開幕戦のヴェルディ川崎vs横浜マリノスはテレビ視聴率32・4%を記録。大相撲も若貴兄弟人気で空前の盛り上がりを見せていた。92年の日本シリーズでは西武とヤクルトが熱戦を繰り広げたが、西武が日本一を勝ち取った第7戦の翌朝、スポーツ新聞各紙では、貴花田と宮沢りえの婚約が一面を独占した。ヴェルディ川崎のスター選手・三浦知良の年俸が、巨人・原辰徳を大きく上回る2億円を突破したのもこの頃だ。昭和から続く、〝国民的娯楽〟のプロ野球の立ち位置が揺らぎつつあった。逆指名ドラフトやFA制度といった数々の球界改革案とともに、その人気回復の切り札が、長嶋茂雄の巨人監督復帰だったのである。

原辰徳が不快感

しかし、長嶋巨人は過渡期だった。1993年は14シーズンぶりに勝率5割を切り、首位ヤクルトと16ゲーム差の3位がやっとで、リーグ最少得点に12球団最低のチーム打率・238と貧打に泣かされた。長年、巨人の象徴だった35歳の原辰徳はすでに満身創痍で、プロ入り以来ワーストの98試合の出場に終わり引退も囁かれ、駒田徳広は中畑清打撃コーチと衝突して、オフにFA権を行使して自らチームを飛び出す。新たな巨人の未来は、セ・リーグの高卒新人新記録の11本塁打を放ったゴールデンルーキー松井秀喜に託されていた。だが、その松井は「四番1000日計画」の真っ只中。一本立ちするまでにはまだ時間がかかる。長嶋監督はチームの核となり、さらには松井のお手本になれるような本物の四番打者を欲していたのだ。

「四番というのはチームの顔なんです。バッティングだけでなく精神的な支柱でもあるんですね。バットマンとしての夢であり、三番や五番とは違うんです。不動の四番が欲しい。四番というのは特別で、シンボル的なもの。誰からも文句が出ないような存在なんです。どうでしょう、いまのウチにいますか？（四番に）なりきれないのと、ええ、まだ、少々時間がかかるというのか……」（週刊ベースボール1993年11月15日号）

覇権奪回のためには、リードを許すと下を向く大人しいナインを背中で引っ張ることのできるグラウンド上のリーダー役が必要だった。いわば、巨人のユニフォームにも萎縮することなく、仲良しグループをぶっ壊すことができるアウトサイダーの四番打者である。

「いまの巨人は優等生の体質。これに同じ〝抗体〟を入れても仕方ありません。悪玉を入れなければ」（週刊読売1993年11月7日号）

もはや、間接的なオレ流へのラブコールの数々。この時、あらゆる批判に耐えながら10年間にわたり巨人の四番を張った原は、どんな気持ちで、これらのミスター発言を聞いていたのだろうか。

まるで、この頃の背番号8には直属の上司から見切られ、転職組にポジションを奪われる窓際社員のような悲壮感すらあった。落合のＦＡへのスタンスもチームの優勝が遠のいたペナントレース最終盤になるにつれ、「興味がない」から、「今はシーズン中だから考えてない」へと微妙に変化。労働組合日本プロ野球選手会から脱退したにもかかわらず、マスコミを通してことあるごとに年俸上限などＦＡ制度の不備を指摘した落合に対して、前会長の原は「落合さんがＦＡ宣言をするのは勝手だけれど、組合員の資格を放棄したのに、ＦＡ制度についてとやかく言うのは筋違い」と珍しく不快感を露わにした。

生放送でFA宣言した

「ＦＡ制導入で巨人の四番は落合」（週刊文春１９９３年10月７日号）、「落合を七億五千万円で買う巨人軍選手の『メンツ』」（週刊新潮１９９３年11月11日号）、「球界ぐるみで策謀する『巨人軍改造計画』をスッパ抜く」（週刊現代１９９３年11月13日号）と、秋には各社の報道合戦も過熱していく。シーズン終盤には長嶋監督と親交が深い深澤弘アナウンサーが〝仲介〟で動き、落合にＦＡ宣言の有無を確認済みという記事も目立った。その渦中に、桑田真澄とのトレード話が日刊スポーツの一面で報じられると、信子夫人はすかさず週刊誌のインタビューに登場して、こう笑い飛ばしている。

「桑田君じゃ相手に不足だっていってるわけじゃないよ。おっ母が余計なことといって、また落合がブッつけられでもしたら大変だし、問題になっちゃいけないからね。だけど、考えてもみてごらんよ。ウチの父ちゃんは、4対1のトレードで中日に迎えられた男なんだよ。それを軽々しく、相手が誰にせよ、1対1のトレード相手にされたくはないわ」（週刊ポスト1993年11月5日号）

そして、言うのだ。「FA宣言期間になったら絶対に落合に注目してなさいよ」と。すると、〝ナガシマの恋人〟とまで呼ばれたバットマンは、小学校に進学する子どもの教育問題で東京行きを望んだ信子夫人の熱心な後押しもあり、ついにひとつの決断を下す。11月6日、宮崎市営球場で行われたセ・リーグ東西対抗の試合前、長嶋監督と並んでツーショットに収まった落合は、翌7日の日曜夜、テレビ朝日系の『スポーツフロンティア』に生出演して、FA宣言することを表明するのだ。

「新聞記者の人を集めてやれば、いろんな書き方が可能だし、誤解されたり曲解されたりして、自分の真意が正しく伝わらない可能性があるでしょう。それより自分の肉声が出せるテレビの方がいいだろうと。同じテレビでも生放送でなければならなかったんだ。編集されてしまう録画では駄目だったんだ」（激闘と挑戦／落合博満・鈴木洋史／小学館）

驚くべきことに落合は、まだスマホどころかインターネットも普及していない時代に、現代のアスリートが自身のSNSから意見を発信する感覚で、あえてテレビの生放送という舞台を選んで、自らの言葉でFA宣言してみせたのである。

「これは、もうほとんど女房の意志（笑）。日本で初めて1億円プレーヤーになり、2億、3億もトップを切ってきた。年俸調停もやった。そうやって選手のステイタスを向上させてきた私が、なぜＦＡの時だけ尻込みするのかってね。それで宣言書にサインしたようなもの。そうしたら、長嶋さんが周囲の反対を押し切ってまで私の獲得に動いてくれた。憧れの長嶋さんに誘われたら、やるしかないだろう……みたいな気持ちはあったね」（日本プロ野球トレード大鑑／ベースボール・マガジン社）

「3億円の値打ちない」球界OBが猛批判

一見、相思相愛のようにも見える長嶋と落合の関係性だが、世間やファンは12月で40歳の大台に乗る一塁手の獲得には、懐疑的だった。特に球界ＯＢたちからは、オレ流バッシングにも近い猛烈な批判が巻き起こる。

落合が表紙を飾る「週刊ベースボール」１９９３年12月20日号では、「40歳の四番打者に期待する巨人そのものに最も大きな病巣がある‼」という特集記事が掲載された。

「〝オレ流〟を認めるのかどうかとか、チームにすんなり溶け込むために、中畑コーチが間に立つとかいわれている。でも、入る前からそんな心配をしなければならない選手を迎えるということ自体がおかしい」（元巨人ヘッドコーチ高田繁）

「あと3年から5年、年齢が若かったらチーム作りとしてはプラスでしょうが、もうあのトシですからね。まして長嶋監督は〝スピード野球〟を売り物にしているわけだから、もっと違う補強があったのでは。ちょっと残念ですね。中、長期的にチーム作りを考えたら、間違いなく後退だ

と思いますよ」（中日OB谷沢健一）

第一次長嶋政権初年度、最下位に終わったチームを変えようと張本勲をトレード獲得したように、今度は落合にその役割を託すという論調に対しては、当の張本本人が「とにかく死にもの狂いでやるしかない。〝オレ流〟の調整法などといっている場合じゃないと私は思いますよ。もう相手投手も弱点は十分わかってますからね」なんてバッサリ。前年度の年俸2億7000万円の1・5倍となる、球界最高給の推定年俸4億5000万円には、「環境も変わるし、それなりの集中力を出せると思うけれど、その中身が問題。3割30本は打ってもらわないと周りも納得できないんじゃないですか」（西武OB松沼雅之）、「今年の落合の成績を見てもわかるように、とても3億円の値打ちのあるような選手じゃない」（ロッテOB山崎裕之）と散々なものだった。

喧噪の中で、11月24日に中日と残留交渉に臨み、年俸は現状維持の条件提示もされたが「他の球団の話も聞きたい」と落合は態度を保留。ダイエーの〝球界の寝業師〟こと根本陸夫代表取締役専務兼監督も獲得に興味を示しており、巨人サイドは万全を期し、長嶋監督を常務取締役・編成担当とする緊急人事を断行する。

12月9日、東京・六本木の全日空ホテルで、落合の40歳の誕生日に巨人との初の入団交渉が行われた。1時間にわたる話し合いで「非常にいい感触を得ました」と手応えを語る保科昭彦球団代表と、「誠意は感じたよ」と満面の笑みを浮かべる落合は相思相愛のようにも思えた。

一方でこのとき、問題になったのは背番号である。和歌山県太地町にオープンする落合博満野球記念館のロゴや六角形の建物は「6」にちなんだもので、プロ入り時から背負ってきた「6」

に当然愛着はある。だが、巨人の背番号6はベテランの篠塚和典が長年にわたりつけている。1986年にはロッテ時代の落合との複数トレード報道で名前が挙がり、「6を他人に譲るときはユニフォームを脱ぐとき」と公言する篠塚にも、プライドがあった。

「巨人・落合博満」が誕生した日

ミスター自身が永久欠番の3番を譲ってでも……という報道もあったが、12月13日、長嶋監督と信子夫人の深夜の電話会談により、球団創立60周年の第60代四番打者ということで、「60」に決定する。

「落合はこれまで『王さんや長嶋さんがもっと高い年俸取っていてくれたら、俺が一億の壁で苦労することはなかった』って言ってきたでしょ。それなのに自分がここで（FA）宣言しなきゃ、たとえば息子が野球選手になった時、『パパったら、王さんや長嶋さんと同じじゃないか。だから僕たちが苦労するんだ』ってことになるわけじゃない。それで『あんたがしないなら、私がしちゃうよ』って」（週刊文春1994年6月9日号）

同年オフに、信子夫人のエッセー本のタイトルでもある「悪妻は夫をのばす」がユーキャン新語・流行語大賞の年間傑作語録賞を受賞。新語部門銅賞に「FA（フリーエージェント）」が選ばれた。オレ流の野球人生の岐路には、いつだって妻の後押しがあった。

なお、信子夫人の父親は巨人ファンで生前、実家に挨拶へ来た落合に対して、「駄目だ、駄目だ、巨人じゃなきゃ」と娘へのプロポーズを一度は断るほどだったという。いわば、落合家にとっても大願成就である。

周囲の反応は冷ややかなものだった。新しい同僚のほとんど誰からも歓迎されず、味方であるはずの球団OBからも、総攻撃を受けたのだ。

だが、皮肉にも、これにより名古屋の居心地の良さの中で、スポイルされ消えかかっていた落合の反骨の魂に再び火がついた。埃っぽい東芝府中のグラウンドや、客のほとんどいないロッテの二軍戦で、「今に見てろよ、お前ら」と汗と泥にまみれたあの頃と同じように、40歳の四番打者は、まず他球団ではなく、自チームに対して、己の力を証明する必要があった。

1993年12月21日、入団発表が行なわれた新高輪プリンスホテル国際館パミールには45社171人の報道陣が集結。13台ものテレビカメラの前で、真新しいユニフォームに袖を通し、YGマークの帽子を被せてくれた隣の長嶋監督と握手を交わし、「巨人・落合」が誕生した。

こうして、落合博満と巨人軍の3年間にわたる戦いが始まるのである。

第1章 アンチ巨人の天才

東芝府中時代の落合。20歳だった1974年から、プロ入りするまで4年以上在籍した
Sports Nippon

2
「ポケットに5円だけ」落合博満前夜

「2年目を迎え、ひとつ夢もデッカク持とうじゃないか——なんて、20ホーマーで、打率2割8分以上なんて目標をかかげてみました。試合は65以上出場。ファームでくすぶってるのは、もうご免ですから」(週刊ベースボール1980年1月21日号)

プロ2年目を迎える年俸360万円の男は、思い切ってそんな新年の誓いを立てた。ルーキーイヤーの前年は、36試合で打率・234、2本塁打という屈辱的な成績に終わった。二軍にはプロのユニフォームを着ているだけで満足しているような連中もいて、ここに長くいたら、いつか自分もその雰囲気に同化してしまうのではないかという恐怖もあった。オレはこのまま終わるわけにはいかない——焦りと、希望の狭間でもがくのは、まだ何者でもなかった、26歳の落合博満である。

ロッテの山内一弘監督は「打率・250は残せる素質はある。落合が八番あたりを打てば打線がグッと厚みを増す」と控え目な期待を口にする一方で、当初はあんなアッパースイングじゃプロでは通用しないと酷評していた。1年目はイースタンワーストタイの6打席連続三振、相手ベンチからは東芝府中出身の背番号6に対して、〝東芝の扇風機〟なんて野次も飛ぶ。25歳でプロ入りしたオールドルーキーにはとにかく時間がない。10代の若手選手たちのように、失敗も成長の糧だと許容される立場ではなかった。落合は周囲の雑音にも、「どうせ打てないなら、自分の好きなようにやるさ」と開き直ってバットを振った。

秋田工高時代の伝説

秋田の怪童、落合博満――。中学時代から剛腕の四番エースとして知られ、秋田工に入学してすぐ、新入生にフリーバッティングで打たせると、ひとりだけすべてバットの芯でとらえ、センターオーバーのホームランも放ってみせた。別格の才能を見せつけたが、1年時に肩と腰を痛め投手から外野にコンバート。練習どころか学校も休んで、弁当片手に映画館通いの日々を送るも、力は図抜けていたため試合になれば呼ばれて四番を打った。それがときに先輩や同級生の妬みを買ってしまう。理不尽に殴る上級生に嫌気がさして8回退部届けを出したという、当時の落合の様子を野球部の後輩はこう語っている。

「練習はサボってばかり。たまに来ると思えば、他の部員はすでにグラウンドに集合しているのに、部室でひとり雑誌を見ているんです。覗いてみると、大リーガーのバッティング写真なんですね。『スゴイぞ。お前も見ろ』と言われても、ハテ？　しばらくして突然部室を出て行くと、フリーバッティングを始めるんです。イメージトレーニングだったんですね。今にして思うと、あの頃から世界が違ってたんだな、と感じます」（週刊宝石1992年5月7・14日号）

圧倒的な実力を持ちながら、先輩風を吹かすわけでもなく、イジメやシゴキを嫌い、ときに後輩にラーメンを奢ってやったこともあった。集団で動くタテ社会の厳しい昭和の体育会系において、我が道を行く落合の存在は異端だった。一方でその一匹狼のイメージとは裏腹に、のちに「週刊ベースボール」1981年3月9日号のカラーグラビア「私とふるさと秋田編」で、落合の母は「とにかく甘えんぼで」と、女4人男3人の7人兄弟の末っ子・博満の少年時代を回想している。実家で祖父が和菓子店を営み、父は食糧事務所勤務で多忙だったこともあり、博満少年の面倒はよく兄や姉が見たという。

「一番上のお姉さんとは14の年齢差。秋田工時代は二番目のお姉さんのアパートに同居。そして東芝府中に就職、東京に出てきてからは四番目のお姉さんが〝お目付け役〟」と紹介されるオレ流の意外な素顔。日常生活では神経質で、タンスの中も綺麗に整え、下着のたたみ方も気に入らないと自分でたたみ直すほどだ。なお、野球の師は、中学時代から落合の練習試合にも熱心に足を運び、家に帰れば新聞を丸めて上から放り、バッティング練習をさせた8つ違いの長兄だった。

「ポケットに5円だけ」

高校卒業を控えた落合は、東洋大野球部のセレクションでスタンドインを連発。あっさり合格してみせるも、上京してすぐ挫折する。練習中に左大腿部の肉離れや足首ねんざのアクシデントがあったが、それ以上に自分より野球の下手な先輩が偉そうにいばり散らす、大学野球の雰囲気に嫌気がさして早々に退部。高校を卒業直前の2月に合宿所に入るも、4月の入学式も待たずに荷物を置いたまま飛び出したという。野球部とともに、しばらく籍だけはあった大学も辞めてしまい、行くあてもなかった。
「毎日あっちをウロウロ、こっちをウロウロ。犬を引っ張った西郷さんの銅像をながめながら上野公園で寝たこともあるし、日比谷公園に一泊させてもらったこともある。暑い夏の日だったが、後楽園でちょうど都市対抗をやっていた。外野席で朝から一日中見ていて、全ゲームが終わったとき、ヒョッとポケットの中を調べたら、五円しかない。後楽園からテクテク歩いたけど、行くあてもなければ、やることもない」（なんと言われようとオレ流さ／落合博満／講談社）
身長178cm、体重78kgの立派な体軀を持て余す若者は、今で言うニートのような立場だった。腐るほどの時間はあるが、とにかくカネがない。己に絶望しているわけではないが、でっかい夢があるわけでもない。そんなどこにでもいる18歳の青春の蹉跌。やがて故郷の秋田に帰り、フラフラしていたらボウリング場の支配人をしていた兄からアルバイトを勧められた。ピンを磨きながら、一時はプロボウラーを志すも、3000円の受験料を用意してプロテストを受けに行く準備をしていたときのことだ。
「人の運不運は、どうころぶかわからない。プロテストが目前に迫ったある日、私は、交通規則違反をおかしてしまった。初心者ドライバーをしめす若葉マークの貼り忘れ運転である。罰金は三千円。これでなけなしの受験料は消えてしまい、プロボウラーの夢は、つぶれてしまった」（勝負の方程式／落合博満／小学館）

初任給は3万5000円だった

プロボウラーへの道は途切れるも、ボウリング修行で持ち前のリストがさらに強くなる意外な副産物もあった。この時期、仲間と早朝に楽しむ軟式の草野球が、唯一の野球との接点だ。やがてボウリングブームも下火になり、20歳を目前にした落合は、元秋田工野球部の部長・安藤晃のもとを訪ね、「私の人生は野球しかない。道を開いてください」と頭を下げる。東洋大の進学時にお膳立てした安藤が、次は中途半端に投げ出さずに「本気でやれるか」とただしたら、「今度は本気です」と落合は答えたという。

そうして、1973年11月1日。東芝府中のグラウンドでセレクションを受け、誰よりも白球を遠くに飛ばすバッティングを評価されて運命が開けるのだ。

20歳になるため、そろそろ働かなければという思いも当然あった。青春が終わり、人生が始まったのだ。落合は1974年1月から臨時工として入社。当時の東芝府中野球部監督の武田泰紀は、初めてその打球の勢いと飛距離を見たときに驚き、すぐ四番に抜擢する。武田は「サボり癖のことは聞かされていましたよ。でも納得するまで黙々と練習してましたね」と当時を回想する。「落合は20歳で入社。同期の新人は彼よりも年下だったんですが、トンボかけもタマ拾いも、皆と同じようにやってましたよ。肩と太腿を痛めているとは聞いてはいたんですが、本人は何も言わないので練習も皆と同じ。最後にグラウンドを30周走るのですが、初めの頃はよく吐いていていまし

たね」（週刊宝石1992年5月7日・14日号）

電力システム制御部電力配電盤課で8時から17時まで仕事をやって、それから練習。同僚との麻雀も楽しんだ。だが、自由人の落合はここも1年で辞めようとして、姉からどやされ、ときに泣きつかれ、なんとか踏み止まる。初任給は3万5000円で、5年後に辞めるときは10万8000円だった。

ドラ2、4がまさかの入団拒否

日々の練習で錆び付いた身体が次第に研ぎ澄まされ、落合のバットは凄味を増す。ライト側に打球が飛びすぎて防球ネットを飛び越えてしまうため、東芝府中のグラウンドには、従来より6メートル高くした〝落合ネット〟が設置された。入社3年目の1976年、オープン戦では4打席連続ホームランの離れ業。都市対抗野球の予選決勝では3ランを放ち、日産を破り初めて夏の本戦に出場する。社会人時代は5年間で打率・389、70ホーマーを記録。世界選手権では全日本の三番を打った。

そして、江川卓の〝空白の1日〟で揺れる1978年ドラフト会議で、ロッテオリオンズから3位指名を受けるのだ。前監督、金田正一が「狭い球場にあった、本塁打を打てる選手をとれ」と厳命し、リストアップされたのが社会人屈指の飛ばし屋・落合である。前年は阪神から誘いがあったが、守備と肩に不安のある落合の評価はどの球団もそこまで高くなく、実際にロッテも全日本の四番で強打の外野手、菊地恭一（東芝）を2位指名している。しかし、スカウト部長の三宅三は、東芝府中の関係者に「三宅さん、（菊地より）落合の方が上ですよ」とハッキリ言われたという。ちなみにこの年のロッテは、この菊地と4位の武藤信二（我孫子高）が入団拒否。指名4人中2人が入団拒否という不人気ぶりである。まだ〝人気のセ、実力のパ〟の価値観が根強かったが、すでに24歳の落合は、プロだったらどこでも行くつもりだった。「契約金は問題じゃない。私はただプロでやりたいだけです」と宣言して球団側を驚かせたほどだ。

腐りかけた2年目26歳

70年代、ロッテの三塁と言えば〝ミスター・ロッテ〟こと、有藤道世が君臨していた。当時は落合自身が「有藤さんはランクが違う」と認める高すぎる壁だ。出場機会を増やすため慣れない二塁守備に挑戦したプロ1年目。イースタンでは打率・324、8本塁打、40打点の好成績を残し、一軍ではデビュー3試合目にプロ初アーチを放つも、わずか36試合の出場で打率・234、2本塁打に終わる。逆襲を誓った2年目の1980年は、先輩キャッチャーの土肥健二のスイングを観察し、手首の使い方を自分の打撃フォームに取り入れた。打球に鋭さが増し、手応えを摑みかけた矢先、春のオープン戦で守備中に味方野手と交錯してしまい、左ヒザの打撲とねんざで戦線離脱。それでも、ベッドの上で、ここで負けてたまるかと鉄アレイを握って筋力トレーニングに励む。

ようやく満足にバットを振れるようになったのは5月上旬だったが、1980年5月14日、ターニングポイントとなる試合があった。イースタンの大洋戦でベテランの佐藤道郎と対峙したのである。南海時代のプロ1年目に18勝を挙げ、新人王にも輝いた右腕はすでに現役晩年だったが、ボールには鋭いキレがあった。落合は本当の自分の力を試したいといつも以上に集中して打席に入り、会心のホームランを放つ。

「モヤモヤした気分は、この一発で完全に晴れた。そして、佐藤さんのような投手と毎試合対戦できる一軍へ早く上がりたくなった。この時から、私は一軍へ上がるためなら何でもしようという決意で練習や試合に精を出した。明確なモチベーションを持った私は、すぐに一軍の首脳陣に注目される結果を残した」（野球人／落合博満／ベースボール・マガジン社）

1本のホームランが腐りかけた男を甦らせる。直後にイースタン新記録の5試合連続アーチと格の違いを見せつけ、ファームで34試合に出場しただけで、11本塁打を放ちホームラン王に。後期には一軍で起用されるようになり、シーズン第1号は代打で鈴木啓示（近鉄）から左中間席へ弾丸ライナーを叩き込む。喜びのあまり、落合はゲーム途中で姉に電話をして、「今日打ったよ」と子どものようにはしゃいでみせた。

ロッテの山内監督は、前期優勝の報告でロッテ本社へ行った際、育成管理部次長の高見沢喜人から「落合を使ってほしい」と推薦されたが、本人の「運の強さ」も大きかったという。

「落合をベンチ入りさせたのは、高見沢君の話に頷いたこともあったが、たしか、リーがDHをいやだといっていたので落合をDHで使うためか……、それとも有藤かレオンがケガしたためか……まあ、いずれにしても落合の場合は運がよかった。実力があっても運がなけりゃだめだからね。この世界」(現代1983年5月号)

2年目シーズンは57試合で打率・283、15本塁打というまずまずの成績を残し、「ファームの11本はお金になりませんでしたが、一軍での15本はお金になりました。しかし、これも11本のお陰です」なんてらしいコメントを残した背番号6は、翌81年開幕戦に「七番二塁」で先発出場。これが、落合にとってプロ3年目にして勝ち取った初の開幕スタメンで、いきなり1号アーチを含む3安打を放ち、勝利打点をマークする上々のスタートだ。

ロッテが優勝を飾った前期シーズンは、打率・317、15本塁打、45打点でホームランと打点はチームトップ。〝史上最強の六番打者〟と称され、ソレイタ(日本ハム)やケージ(阪急)の外国人パワーに挑む、無名の国産大砲の出現に野球ファンは驚いた。空席の目立つ川崎球場だったが、左翼場外へ150メートル弾、右翼席にも軽々とスタンドインさせる図抜けたパワーは、「ロッテのポパイ? 薄給の怪力バッター」(週刊新潮1981年7月23日号)、「ニックネームは〝孫悟空〟。重いバットを如意棒のように軽々と振りまわす」(週刊ポスト1981年8月28日号)とマスコミの間でも話題になり始める。

1981年、落合博満の底知れぬ才能は、ついに開花しようとしていた。

その時だ。カクテル光線に照らされた超満員の後楽園球場に、ひとりの男が、颯爽と出現する。

〝長嶋二世〟と呼ばれるゴールデンルーキー、巨人の原辰徳である。

1978年ドラフト3位指名、25歳でロッテオリオンズに入団した落合
KYODO

3
じつは一度消えた「巨人・落合博満」

「いまでもぼくは試合前がおそろしい。この世界は結果でしか判断してくれんでしょう」（週刊明星1981年7月16日号）

プロ3年目の1981年、レギュラーに定着した27歳の落合は、選ばれし者の恍惚と不安の中でバットを振っていた。自身初の打撃タイトル争いを繰り広げ、監督推薦で初出場したオールスターの第2戦では、西本幸雄監督が「これからのパ・リーグを背負って立つ男だから」と全パの四番で起用した。新聞の打率10傑に載る自分の名前にまだ現実感はなく、契約金で横浜市鶴見区にマンションを買ったが、年俸は中堅サラリーマンクラスの推定540万円。好物はラーメンライスで、川崎球場近くの喫茶店「オレンジ」でラークを吸って気分転換という、12球団で最も給料の安い庶民派四番バッターでもあった。

「8000万円」ゴールデンルーキー

そして、落合がようやく辿り着いた夢舞台、1981年オールスター戦で、世間の注目を一身に集めていたのが、5歳年下のゴールデンルーキーだった。セ・リーグ三塁手部門で掛布雅之（阪神）をおさえてファン投票1位になった、巨人の原辰徳である。

「Nが去り0がバットを置いたいま、転換期のプロ野球を救うのはタツノリしかいないの声がふくらむ。実力、人気、スター性。果たしてタツノリは〝80年代の牽引車〟になれるか」（週刊ベースボール1980年12月8日号）

1980年秋、長嶋茂雄監督が男のケジメで辞任し、19年連続のシーズン30本塁打を達成した王貞治も電撃引退。巨人は、いや球界は新たなスーパースターを欲していた。「週刊ベースボール」同号にはミスター本人から、大学球界のプリンス原への特別寄稿「君は私の後継者になれる」が寄せられ、ドラフト会議で4球団が1位競合するも、藤田元司新監督が当たりクジを引いた直後に、報知新聞の号外『原 巨人入団 長島超えろ若大将』が街で配られた。「週刊読売」では『新巨人の星 原辰徳物語』の短期集中連載が始まり、年明けの多摩川グラウンドには背番号8目当てに1万人ものファンが殺到。甲子園での父子鷹から、ドラフト1位の巨人入りまでの王道ストーリーをあらゆるメディアが追いかけ、タツノリフィーバーは日本列島を揺るがした。

81年4月4日の後楽園球場、原は「六番二塁」で開幕の中日戦でデビューすると第3打席でプロ初安打。翌5日には小松辰雄から右翼席へプロ初アーチを放つ。開幕7試合目には五番昇格。期待通りの大活躍に「全角度比較 凄いぞ原辰徳の超パワーは長島茂雄を超えた」（週刊現代1981年5月7日号）とお祭り状態になり、落合が極度の緊張から打席で全身が痙攣したというオールスター第1戦では、全セの「一番遊撃」で先発出場している。

ちなみにルーキー原の年俸は破格の推定840万円で、契約金は落合の2700万円に対して、原は当時の球団最高額となる8000万円だった。その年、若大将は打率・268、22本塁打、67打点で新人王に輝くが、落合は打率・326、33本塁打、90打点と三部門すべてで原を上回り、島田誠（日本ハム）や石毛宏典（西武）との首位打者争いを制し、初の打撃タイトルを獲得。だが、明治製菓、明治乳業、オンワード樫山といった大企業のテレビCMオファーが殺到するのは、巨人の背番号8である。

翌82年には、落合が当時の最年少記録となる28歳で三冠王を獲得。瞬く間に球界最高峰の打者に上り詰めても、その状況は変わらない。視聴率20％超えの地上波テレビのナイター中継で毎晩主役を張り、世の中やメディアで、80年代のプロ野球の顔として人気を集めたのは、サラブレッド原だった。

「エリートなどくそくらえ」

雑草とエリート――。ジャーナリストの佐瀬稔は、「『巨人』を変えた〝華麗なるタツノリ〟」（プレジデント1981年8月号）と題したコラムの中で、「原という、これはもう体制そのもののスター」と論じたが、あまりに対照的なニューヒーローに「すべてエリートずくめの巨人の原あたりにはない雑草のような逞しさが落合の魅力だろう。『エリートなどくそくらえの心境ですよ』というのも原への面当てか」（週刊ポスト1981年8月28日号）という論調の両者の比較記事もよく見られた。

子どもの頃に長嶋茂雄へファンレターを送り、背番号3の引退試合も「怪我の治療のため病院に行く」という名目で仕事を休んで、後楽園球場の三塁側ジャンボスタンドへ駆け付けた。無名時代の落合が憧れたミスタープロ野球。

その栄光の「巨人の四番サード」を継承する男、原辰徳。プロ1年目にはスポーツ界所得番付で、千代の富士や王貞治を上回る第2位にランクインする異常な若大将人気はとどまることを知らなかった。だが、やがて年俸の数倍の大金をCM出演で稼ぐアイドル原に対して、「カメラに向かってニッコリ白い歯を見せるだけのキャラクター。コンピューターがしゃべってるみたいな模範解答」とか、「スポーツ新聞も原をメインにしたら売れない。江川なら売れる。スポーツ紙は女や子どもが買わないからね」といったマスコミからの批判も目立つようになる。

そんな優等生の原とは対照的に、叩き上げの落合は反体制のアンチヒーローでもあった。野球界のメインストリームとはまったく別のルートから頭角を現した異端のスラッガー。閑古鳥の鳴く川崎球場で、「観客の数なんて関係ないよ。俺はタレントじゃなくて〝野球人〟なんだもの」と淡々とホームランを打ち続ける男。「週刊宝石」の石原慎太郎との対談で「ものすごく暗いんですよ。エリートコースを歩んできた人って」と笑い飛ばし、日本でまだまだ根強い終身雇用的な価値観を否定して、バット一本で誰よりもカネを稼ぎ、「ロッテのために野球やってるわけでもない、会社の社長のためにやってるわけでもない。要するに自分のために野球やってるんだよね」なんてうそぶく一匹狼。

それが、落合博満の生き方だった。

「原とオレで釣り合うかって？（ニヤリ）」

「いまどちらかっていうと管理野球でしょう。手とり足とり教えてサ。でもそれだったら野球やってる意味がない、つまらないと思うのね。野球はそれ自体ルールがあるんだから、そのルールの中でまだそれ以上にあわせい、こうせいいわれたっておもしろくないじゃない。自分で作っていかにゃあ」（週刊ベースボール1982年10月25日号）

80年代、巨人戦は国民的娯楽として異様な人気を集めたが、玄人好みのパ・リーグで1982年に続き、85年、86年と前人未到の3度の三冠王に輝く落合の存在は、その反巨人的な価値観の代表でもあったのである。実際にこの時期の背番号6は、週刊誌で連載コーナーを持ち、度々「〝巨人の時代〟なんてもはや過去のもんだね」と口撃。80年代中盤、頻繁にスポーツ紙を賑わせた自身の巨人へのトレード話についても、痛烈な盟主批判を口にしている。

「弱い、優勝できないジャイアンツだからそういう話が出るわけで、迷惑ついでに言わせてもらうと、いまのジャイアンツの選手とだったら、1対5でも割りに合わんよ。オレは、マジにそう思っているし、彼らとは、それぐらい野球に取り組む姿勢が違うってことなんだ」（週刊宝石1985年12月13日号）

一方で、落合は、原が毎年のように30本塁打をクリアしながらも、「ボールを怖がる」とか「チャンスに弱い」とマスコミから叩かれていると、「ボールを怖がる野球選手はなにも原だけじゃないわけよ。オレ自身も怖いし、ボールを怖がるバッターは、いくらでもいる。ジャイアンツのゲームは、ほぼ全試合テレビ中継されるし、スポーツ紙の記事の量も多い。つまり、原の場合、それだけ目立つわけ」と擁護し、背番号8が左手首を骨折した際にはこんなオレ流エールを送っている。

「オレがもうひとつ言いたいのは原は果たして、マスコミやファンが言うように〝巨人史上最悪の四番バッター〟なのか？　こういうことだよね。（中略）原のホームランや打点には、試合の大勢に関係ないものが多いという声があるように、数字がすべてではないけど、それでもオレは、『原はよくやっている』と思うよ。原にもこの先、〝大きく化ける〟可能性はあるわけ。オレは、この先原が、どこまでＯＮに迫れるか、楽しみに見守ってやるべきだと思うね」（週刊宝石１９８６年10月24日号）

かと思えば、スポーツ紙の一面で「原放出、落合と交換へ」と派手に報じられたときには、揺るぎない三冠王の自信とプライドを垣間見せる。

「オレは球団同士の話し合いの結果に従うだけでね。十二球団どこでも野球がやれればいいわけよ。えっ、オレと原の交換トレードの記事読んだかって？　あったねえ。原とオレとで釣り合うかって？　そんなこと、オレの口からいえると思う？（ニヤリ）」（週刊現代１９８６年11月８日号）

なぜ巨人移籍は破談になったか？

なお、この時期の巨人は、１９８３年のリーグVを最後に優勝から遠ざかるが、王体制１年目の84年から早くも「〝巨人改造計画〟の中身　王監督が狙うトレードでロッテの落合獲得」（週刊ベースボール１９８４年９月17日号）という特集記事が掲載されている。頼りない四番原の代わりは球界最強スラッガー落合しかいない、というわけだ。翌85年には「交換選手は中畑プラス３億円」との報道。ちなみにこの年、認定された労組日本プロ野球選手会の初代会長は中畑清、副会長を落合と梨田昌孝が務めていた。

さらに稲尾和久監督が辞任した86年のストーブリーグは、11月上旬、日米野球に参加中の落合自身が「稲尾さんがいないのならロッテにいる必要がない。個人事業主として、一番高く評価してくれるところと契約したい」と宣言したことにより報道が過熱。「篠塚、西本、角と交換という落合博満は本当に巨人に必要か」（週刊文春１９８６年11月20日号）、「巨人ロッテ担当記者緊急座談会、落合トレードの『Xデー』はいつだ？」（週刊ベースボール１９８６年12月１日号）とオレ流の巨人移籍が既定路線のような論調も目立った。

しかし、交換選手で折り合わず、時間だけが過ぎていく。11月20日、ロッテの有藤道世新監督の「１対３になるなら全員投手を、それも若くて将来性のある投手を要求する。江川と槙原（寛己）、桑田（真澄）をくれないかな。落合の代わりになる野手はバースくらいだ。巨人にはいない」という現実味のない発言は、事実上の交渉終結宣言でもあった。その騒動の渦中で、オレ流は所ジョージと出演したテレビ番組で『巨人の星』の主題歌を歌ってみせるのだ。

そこで逆転の落合獲りに動いたのが、中日新監督の星野仙一だった。現役時代に弟分として可愛がった25歳右腕の牛島和彦に加えて、上川誠二、平沼定晴、桑田茂を出す1対4の大型トレードを電光石火の早さで成立させるのである。後年、星野が明かした裏話によると、「もう30年もたつんだから時効かな。ロッテは篠塚(和典)を欲しかった。でも巨人としては出せないと。それから(候補を)いろいろ出したけど、ロッテから見ればいい名前がない。それでご破算となった」(スポーツ報知2016年12月23日付)という。

前年の85年オフには定岡正二が、近鉄へのトレードを拒否して、電撃引退する騒動があったばかり。篠塚も「出すならオレにも覚悟がある」と匂わせ、第二の定岡になる恐れもあった。のちに〝平成の大エース〟と呼ばれる巨人の斎藤雅樹も移籍を覚悟していたが、86年12月26日夜に『ニュースステーション』で生中継された落合の中日入団会見をテレビで見て、本当に自分のトレードがなくなったことを知り家族は一斉に拍手をしたという。当時の〝巨人ブランド〟にはそれだけの魅力があり、そのど真ん中で、ONと比較され過剰なバッシングを受けながら、傷だらけで四番を張っていたのが原辰徳だった。

「巨人ドラ2だった」説

結局、80年代、幾度となく落合の巨人移籍はマスコミを賑わせながらも、実現することはなかった。なお、野球ファンの間で都市伝説的に語られている「巨人が江川事件で1978年ドラフト会議をボイコットしていなければ、落合は2位で指名されていた」というのは有名な話だが、ドラフトから数年後に元巨人スカウトの内堀保が当時の内情を語っている。

「私は落合を推したが、上層部には有名チーム出身で、しかも名前の売れた選手を好む傾向があって、次の年に原を指名（※引用者注、原は翌々年の1位指名）するふくみで、江川、森（繁和）と投手がトップ候補となった。結局江川問題で、巨人はドラフト会議をボイコットするのだが、もしドラフト会議に出席しても二位までに落合は指名しなかっただろうな」（月刊プロ野球ニュース1986年4月6日号）

なんと、本人たちの意思がまったく関与しないところで、プロ入り前から落合と原の運命は一瞬だけ交差していたのである。

1986年12月26日、星野仙一監督と握手する落合(33歳)。1対4の交換トレードで中日に入団
JIJI PRESS

4
「中日を離れるのが イヤだった」

「まだ、ファームにいるボクに、〝あいつのバッティングは素晴らしい。何とか巨人に……〟と誘いをかけてくれたとか。結局、トレードは実現しなかったけど、あの長島さんに目をつけられたというだけでうれしかった。ますます長島さんを好きになりましたよ」（週刊サンケイ／１９８４年８月23・30日号）

落合は、「週刊サンケイ」の「長島ラブコール・アゲイン」特集（※当時は島表記）において、「われわれの年代は、長島イコール野球だった」とその憧れを口にしている。野球という仕事に関してはビジネスライクでドライなオレ流が、ミスターの話題になると少年の顔に戻る。

「あるテレビ局の対談ではじめて会ったとき、オレのほうはもうコチコチさ。長島さんに憧れて野球をはじめたようなものだから。その対談までは、まるで外からしか見たことのない人だったけれど、やっぱりすばらしい人だった。アクがないというか、人を引きつける一種独特の魅力があるんだね。なんなのだろう？　人間性かな？　いや、やっぱりあの人の野球だと思う」（なんと言われようとオレ流さ／落合博満／講談社）

初対面で直接、「４割を打てるのはキミだけ」と褒められた落合は、まるで夢見心地だったという。パ・リーグで三冠王にまで上り詰め、マスコミを通して、ときに辛辣なジャイアンツ批判を繰り返したオレ流だったが、ミスターに対しては素直に憧れを口にする。ある意味、落合にとって、長嶋茂雄は巨人軍よりも偉大だった。

「オレも3億円だ」年俸調停事件

「契約更改は年1回の個人経営者同士の戦いの場なんだ。自分達が持っているいい面を喋り、高く買ってもらいたいと思って何故、悪いんだろうか」（Number264号）

男は黙ってチームのために……が美徳とされた昭和の球界で、「オレを高く買ってくれるところにいく」なんて堂々と主張するトッププレーヤーの出現は事件だった。ロッテでの2年連続の三冠王を手土産に、1986年オフに1対4の大型トレードで中日ドラゴンズへ移籍した落合は、日本人選手で初めて年俸1億円を突破。四番打者として昭和最後のペナントレースとなった88年の星野中日のV1に貢献すると、平成元年の89年には3年ぶりに40本塁打の大台に乗せ、116打点でタイトルを獲得。90年シーズンは4位に終わった中日だったが、36歳の背番号6は衰え知らずのバットで史上初の両リーグ本塁打王（34本）に加え、打点王（102打点）、最高出塁率（.416）と3つの打撃タイトルに輝いた。

球界最高の打者・落合は、90年12月には37歳になったが、貪欲に「（巨人の）クロマティが3億円。その働きに自分も遜色はないはずだ」と1億2000万円アップの年俸3億円を希望する。12月27日に第一回契約交渉が行なわれ、年明けにも球団側と話し合うが互いの主張は平行線を辿り、91年2月15日に落合が調停申請へ。2月20日には、キャンプ期間に沖縄で行われた選手会総会で、労組選手会の大竹憲治事務局長が年俸調停の支援を申し出るが、渦中の本人は「そっとしておいてほしい。これは個人の問題だから」と断った。結局、球団提示の2億2000万円で合意するが、「いいとか悪いとかは別さ。多くもらうにこしたことはなかったが、勝ったとか負けたとかの次元で見られるのがイヤだった。こうなれば結果を出すしかないでしょう。今は何を言っても別な方向になる。時期がくればわかってくれる人がいるはず。それでいいと思う」と落合は前を向いてみせた。

「週刊ベースボール」1991年3月25日号では、この年俸調停について12球団の選手会長や監督に意見を聞いている。「2億2000万円という金額自体、ピンとこない。ウチの主力、何人分だろ?」(広島・山崎隆造)、「金額があまりに大きいので、ボクたちのレベルではちょっと……」(近鉄・金村義明)なんて同じプロ野球選手でもほとんど別世界の出来事ととらえるコメントも多く、古巣・ロッテの金田正一監督のように、「昔のワシみたいに、もっと上手に金をもらわんと。これだけ波風立てて、何かペナルティーが科せられるかもな」と年俸調停をチームの和を乱す自分勝手な行動と見る向きもあった。

「原、婚約おめでとう」

落合が主張した球界の年俸底上げの、プロ野球に〝夢〟を与えるためという大義名分にも、ある球団幹部は「夢の根拠が見当たらない」と鼻で嗤うように否定する。この時期、図抜けた成績を残し続け、高年俸を手にした落合は、ときに孤独だった。

同年代の盟友はすでにほとんど現役を引退しており、他の選手たちとは置かれた立場も、見ている風景も違いすぎる。年俸調停で騒がれた1991年シーズンも終わってみれば、打率・340、37本塁打、91打点で自身5度目のホームラン王だ。

この時期、選手会が導入を目指す移籍の自由を主張できるフリーエージェント制より、支配下選手枠の撤廃や統一契約書の見直しが先と考える落合は、次第に選手会とも距離が離れていく。91年12月、5年ぶりに開催された労組日本プロ野球選手会の臨時大会では、フリーエージェント制導入へ「スト辞さず」と選手間で意思統一。東京と大阪で全624選手が参加して、出席率98％の盛り上がりを見せたが、球界最高給プレーヤーはこれを欠席する。「落合さんが来てくれれば、大いに盛り上がったのに」と原辰徳選手会長は悔しがったが、実はこのオフに、原は個人的に落合を訪ね、自分たちで形にしたFA制度案について意見を聞いたという。

叩き上げの異端児・オレ流と、エリートのアイドル・若大将――。その生き方の違いから水と油のようにも思えるが、実は86年5月、原が6歳年上の女性と婚約発表すると、落合家にはマスコミから電話が殺到した。9歳年上の妻・信子に姉さん女房の先輩として、各社がコメントを求めたのである（なお、落合は若手時代に鹿児島キャンプで知り合った同地の4つ年下の女性に一目ぼれして、プロ2年目のオフに一度目の結婚〔1980年〕をしたが3カ月で別居後離婚。信子夫人とは再婚〔1984年〕となる）。

落合本人も「週刊宝石」の自身の連載「三冠王落合博満の広角フリートーク」内で、野球選手の姉さん女房について、「家庭がちゃんとしてなかったら、おちおち〝出稼ぎ〟にも行けない。このあたりは、単身赴任のサラリーマンの心境にも似ているんじゃないの。（中略）そういう意味でも、今回の婚約は、原にとってものすごくいいことだし、遅ればせながら『おめでとう』と言いたいね」とお祝いの言葉を贈っている。

「落合ダイエー入り」報道

1992年7月には、その原が任期満了に伴い、労組選手会の会長職を退き、阪神・岡田彰布が3代目の会長に就任。運営委員に名を連ねたのが、西武・石毛宏典、原、そして落合の3名である。形の上では、落合と原は共闘関係にあったが、落合は選手会が実施したアンケートの年俸欄に「脱会します」とだけ書き、選手会そのものから去り物議を醸す。しかも腰痛の悪化で92年シーズンは精彩を欠き、打率・292、22本塁打、71打点で無冠に終わり、チームは最下位に低迷。プロ15年目で初の減俸となった。

にわかにその去就が注目され、夏場にはサンケイスポーツが「落合放出」と一面で打ち、東京スポーツは「落合ダイエー入り」と書き立てた。

この頃、周囲から見たら、背番号6は名古屋でもう証明するものはないという状況だったのも事実だ。公約通り中日をリーグ優勝に導き、4度目の三冠王こそならなかったが、「球団はキミのタイトルを買っている」と契約更改で求められると、多くの打撃タイトルを獲得してみせた。自分をトレードで連れてきた星野仙一監督も91年限りで辞任している。これまで、常に〝三冠王〟を公言してきたが、39歳を目前にした今、現実的な目標としてはそれも難しくなりつつあった。これから、落合は何を追い求めて野球をするのだろうか。

ただの石ころから、光り輝くダイヤモンドになってやるさ——とバット一本で頂点に上り詰めたが、実際にてっぺんに辿り着いたら、その旅は終わってしまう。すでにプロ入り時に夢見た、大金も名声も手に入れた。来年、男は40になる。「週刊ベースボール」1992年9月21日号では、こんな特集記事が組まれている。

「落合博満（中日）は、どこへ行く⁉」と。

その直後だ。1992年秋、球界に激震が走る——。オレ流が死にたいくらいに憧れた男、長嶋茂雄が、12年ぶりに巨人監督に電撃復帰したのである。

「中日を離れるのが嫌だったんだ」

「中日には本当によくしてもらっていたからね。年俸が1億円、2億円、3億円と突破していったのも、みんな中日にきてからでしょう。選手の気心も知れているし、野球をやる環境としては中日がベストだった。中日には愛着があったんだ。名古屋という街も住みやすかったし。あのまま中日に残るのが一番いいことだろうと思っていた。本当は中日を離れるのが嫌だったんだ」（激闘と挑戦／落合博満・鈴木洋史／小学館）

１９９３年シーズン、終盤にヤクルトと激しい優勝争いを繰り広げた高木守道監督率いる中日は、最終的に2位に終わるも、「四番落合」が勝負どころの9月に自己新の16試合連続安打を記録するなどチームを牽引した。5月30日の巨人戦で放った第9号アーチで、敵将の長嶋監督の通算444号に並び、「やっと追いつきました。次はすぐ追い越します」と憧れの背番号3に並んだことを素直に喜び、オールスターの第1戦では全セの四番を張り、2本塁打を放ってみせた。

年間成績は打率・285、17本塁打、65打点と目標の三冠王には程遠い成績も、96四球と14敬遠は12球団トップとその存在感は健在だった。夏場過ぎからメディアでは、そのオフから導入の決まったFA制度で、「巨人移籍か」という論調の報道も目立ったが、すでに労組選手会を退会していた落合本人は、「FAなんてオレには関係ないこと」と公言し続ける。

だが、ヤクルトがセ・リーグ制覇を決める2日前、10月13日の日刊スポーツ一面で「巨人、落合獲得へついに動く」と報じられ、トレード、FAで両面工作。交換なら槙原寛己が候補と出血覚悟の補強プランも、中日サイドは「基本的にトレードは考えられない。ゲームでのまとめ役など、チームに対する貢献度は大きい」と主砲の残留を明言した。それでも、「落合獲り桑田放出か駒田も候補着々巨人」（日刊スポーツ１９９３年10月18日付）、「巨人決定落合6億円長嶋―渡辺会談で合意」（日刊スポーツ１９９３年10月23日付）と報道はさらに過熱。この頃になると、落合も「オレに聞いても何もならんだろう。まあ、オレが監督ならとるよ」と満更でもない様子だ。意思表明は「公式行事が終わってから」という落合の言葉通り、セ・リーグ東西対抗の翌日、11月7日午後11時30分、テレビ朝日系の『スポーツフロンティア』に生出演すると、テレビカメラの前でこう口にした。

「はい、決まりました。フリーエージェントを宣言します」

巨人入り秒読みと見られたが、TBS系列の『アッコにおまかせ！』に信子夫人と出演した際、和田アキ子から「巨人に行くんでしょう」と聞かれると、「(決まり)じゃないです。入るとすれば巨人かダイエー。話がきているのはこの2球団しかないから。マスコミは落合イコール巨人と見ているらしいけど、まだ決まっていません」なんてやんわりと否定してみせる。だが、実際は12月9日の巨人側との初交渉後、17日の落合博満野球記念館の落成披露宴に巨人の湯浅武オーナー代行が出席。パーティー会場の正面には長嶋監督から届いたお祝いの花輪が飾られた。契約前の選手に対して異例の対応に、巨人の保科代表は「やっぱり誠意を示しておかないと、ね」と入団交渉が大詰め段階なのを認め、21日に契約合意が発表される。

このとき、オレ流と巨人軍は相思相愛の関係だった。

第2章　初キャンプ

1994年1月、よみうりランドでの球団行事。巨人移籍後に落合と原辰徳が初めて顔を合わせた
KYODO

5
「巨人はこんなに練習しないのか」

「落合が『一番高いものを出すところに行く』といっているけど、まあ、これは選手としては当然の発言。いうのはかまわん。かまわんけどもあの表情がよろしくない。『お前さんだけでプロ野球が動くのか？　プロ野球はお前さんのためにだけあるのか？』あの表情に対してオレはそういいたくなる」（週刊ベースボール1993年12月27日号）

これは元西鉄の強打者・豊田泰光の連載「オレが許さん！」で落合に向けられた言葉である。豊田はジャイアンツが少年たちの憧れであり、「その子供たちに、巨人に落合が来ることで、ダーティー・イメージを与えるとしたら、これは由々しき問題である」とまで書いている。

「長嶋監督への不満」

1993年の年末から94年の年明けにかけて、FA宣言をした落合の巨人移籍に対して、多くの球界関係者やOBが否定的で、怒りや不快感を露わにした。まだ当時の日本社会は年功序列や終身雇用の価値観が根強く、プロ野球でもひとつの球団でキャリアを終えるのが当たり前で、移籍は「所属チームから出される」というマイナスイメージの方が強かった。好条件を求めて選手が球団と交渉することすらワガママと取られてしまう、そんな時代である。だが、ＦＡ制度はそういう昭和的な価値観を根本から変えてしまった。ライターの近藤唯之は、「私は心の底から情けないと思う」とコラムの中で長嶋巨人のオレ流獲得を痛烈に批判している。

「天下の巨人、名門巨人、優勝回数三十五回の最多優勝を誇る巨人が、金で四番打者を買うという、この現実が情けなくてたまらないのである。（中略）四番はチームの一枚看板である。それを毎年、買い込んできて恥ずかしいと思わないのだろうか」（小説新潮１９９４年２月号）

長嶋茂雄や王貞治を輩出してきた球界の盟主がカネで四番打者を買う――。しかも、その看板をど真ん中で背負ってきた長嶋自ら、３年間優勝から遠ざかるチーム再建を40歳の外様スラッガーに頼った。導入されたばかりのＦＡ制度を、これほど生々しく象徴する移籍は他になかった。いわば、落合博満は、巨人軍の伝統を破壊した男だった。

その長嶋巨人をＦＡで自ら飛び出して、１９９３年オフに横浜ベイスターズへの移籍を決断した駒田徳広は、週刊誌上で中畑清打撃コーチとの確執に加え、「長嶋さんという人は、管理者ではなく、あくまでスターなんだよね」と古巣への不満を口にした。

「個人的に長嶋監督は好きかって？　好きとか嫌いとか言える段階まで人間付き合いさせてもらってないもの。みんなそうだったんじゃない？　それではチームとしてうまく機能しないですよ」

（週刊現代１９９４年１月１・８日号）

青年監督だった第一次長嶋政権の年が近い兄貴分から、第二次政権では親子以上に世代が違う。

自分がそこにいては選手が遠慮して飯も不味くなるだろうという、国民的スーパースターの気遣いが結果的に選手との距離を生んでしまったのだ。昔を知るベテランの篠塚和典は、シーズン終了後に「選手たちは、監督からのちょっとした一言を待っているんです」と訴えた。これを反省したミスタープロ野球は、2年目の1994年になると頻繁に食事会を開き、積極的に選手と交流するようになっていくが、それはまた少しあとの話である。

崖っぷちの原辰徳

そして、落合の加入により、すっかり〝四番失格〟の烙印を押された形になったチームの顔の原辰徳だったが、実は長嶋が巨人監督に復帰する前年、極度の打撃不振に苦しんだ1992年5月にアナウンサーの深澤弘に連れられて、田園調布の長嶋邸を訪ねている。マンツーマンの打撃指導を受けるためだ。打席で外角低めから視線を投手に移すので、左肩がホームプレートのほうに入ってしまう原の癖を指摘したミスターは、「外角ではない、内角だよ。そのあと投手を見るんだ。そうするとボックスのなかで、背筋を伸ばして自然体で立てる」と熱血指導。原は庭に面したリビングルームで真夜中に汗だくになって、1時間半もバットを振った。そこに冷たいお茶とメロンを持ってきた亜希子夫人は、楽しそうにこう言って笑ったという。

「こんな雰囲気、久しぶりですね。何年ぶりかしら。ウチの人が現役時代には毎晩こうだったから。これで原さんが打てるようになるといいわね」（わが友 長嶋茂雄／深澤弘／徳間書店）

92年は熱血指導により打撃復調した原だったが、いざ長嶋監督が復帰した93年はプロ入り以来ワーストの11本塁打に終わり、94年になるとレギュラーの座すら危ぶまれていた。崖っぷちの背番号8は、オフにオーストラリアへ飛び、「野球選手は、試合に出なくちゃ、始まらないからね。そりゃ落合さんが来るんだから、ボクがサードを守った方がいいんじゃないの」と12月中旬から約1カ月間の異例の海外トレーニングに励んだ。長年チームの顔を務めた原や篠塚といった生え抜き組と、大物落合の関係を加入直後から、マスコミは煽るように報じた。

そんな喧噪の中、落合本人は和歌山県太地町にオープンした落合記念館で、正月明けに例年より早い自主トレを始動する。

「巨人はこんなに練習しないのか」

来るべき新シーズンに向けて、長嶋監督は「100試合、打率2割7分、20本塁打、70打点」と現実的な数字をノルマにあげたが、落合は「それじゃあ、来年はクビになっちゃうよ」なんてうそぶき、フジテレビの『プロ野球ニュース』で「今年も三冠王を狙いますよね」と問われ、「そういう気持ちが失くなったら、ここ（記念館）の館長をやってますよ」とニヤリ。1月20日には、テレビ朝日の時代劇「桃太郎侍Ⅲ」に子連れ浪人役・山田市之進として、息子とともに特別出演。バットを刀に持ち替え、20人相手に大立ち回りを演じてみせた。

マイペースのオレ流・落合と背水の若大将・原は、1月23日によみうりランドで開催された球団行事「ＧＯ！ＧＯジャイアンツ」で巨人移籍後初めて顔を合わせると、周囲の心配をよそにな ごやかに談笑した。「僕とシノさん（篠塚）が落合さんを立てれば、チームはうまくまとまってい くと思うよ」と原は大人の対応で、５歳上の落合を立てたのだ。

チームがキャンプ地の宮崎入りした1月31日には、中畑打撃コーチが同い年の落合の部屋を訪ね、「オチのほうから（他の選手に）近づいてやってくれ。何かあったら、オレが橋渡しをするよ」と気を遣った。その夜のミーティングでは、落合自ら新しい同僚たちに向かって挨拶をしている。「40歳の私から学ぶものがあったら学んでほしい。私も、皆さんから学ぶものがあれば学んでいきたい」（週刊ベースボール１９９４年2月21日号）

２月１日のキャンプイン初日には、松井秀喜が右背筋痛で宮崎入りできなかったにもかかわらず、２４３人の報道陣が背番号60目当てに詰めかけた。

軽量化された特製のハイカット・スパイクを履いて登場した落合は、ベテラン組に振り分けられたが、いきなりノックやランニングで汗を流す。室内練習場では吉村禎章に打撃のアドバイスを送り、篠塚とは笑顔でバッティング談議を交わし、２日目には原と組んでペッパー打撃も披露した。長嶋監督も「前半は〝オレ流〟で結構なのにねえ」とハイペース調整を心配するほどだったが、落合なりにまずは巨人のやり方に合わせているように周囲の目には映った。しかし、内心はプロ16年目で迎えた巨人キャンプの甘さに驚いていたのだ。

「ジャイアンツというのは、何て練習しない球団なんだろうと思ったよね。中日が特に練習しているというわけではないけれど、それでも中日よりかなり練習しない。我々のロッテ時代から比べれば……あのころはオレも若くて体が自由になったし、少々きつい練習をしてもつぶれないというのがあったけれど、あのころの半分以下、3分の1ぐらいの練習量じゃないかな」（激闘と挑戦／落合博満・鈴木洋史／小学館）

「えっ？　1人で鍋を食べている！」

自分が何か言うとすぐ問題になるからと、「キャンプでは貝になる」宣言をするオレ流だったが、新たな職場環境を冷静に見極めていた。そんな元三冠王に対して、当然どんな人なのだろうとチームメイトも興味を持つ。宮崎キャンプの食事は、ホテルの宴会場にバイキングなどが用意されるが、落合はそこにまったく姿を現さず、寝ているかもしれないと部屋の近い槙原寛己が呼びに行かされたという。すると、部屋の中からはなにやら話し声と、美味しそうな匂いが漂ってきた。えっ……いったい何をやっているのだろう？　そのときの衝撃を槙原は、こう振り返っている。

「扉を開けると、落合さんが、部屋で携帯用のガスコンロとともに、淡々と話しながら、鍋を食べてるんです！　そしてその対面には誰もいない！　鍋を食べながら、一人でいろいろ話してる。気づけば部屋の外には食材を持った仲居さんがやって来て、その食材を、落合さんに届けて行きます。それも、何人も何人も、いろいろな具材を、入れ代わり、立ち替わり」（プロ野球 視聴率48・8％のベンチ裏／槙原寛己／ポプラ社）

ひとり独演会をかましながら、晩酌もしつつ2時間近くかけて豪華な鍋を平らげる孤高の大打者。中日時代からロッカールームを綺麗に整頓する几帳面な一面を持つ男は、無類の漫画好きとしても知られ、キャンプでも部屋に200冊近い大量の漫画本を持ち込んだ。ジャンルは多岐にわたり、『ギャンブルレーサー』や『ナニワ金融道』だけでなく、『美少女戦士セーラームーン』全巻も網羅していたという。休日は外出することもなく、好きな漫画を読み、11時間半も寝て、スポーツニッポンには「寝る子は打つ」の見出しが躍った。オレ流は、グラウンド内ではチームのやり方に可能な限り合わせたが、プライベートで巨人ナインに溶け込もうと、媚びるようなことはしなかった。

もちろん巨人サイドも個人主義の落合が、新天地に早く馴染めるように、万全の体制で迎え入れていた。この年から、宿舎でベテラン勢には個室が与えられる一方で、第1クール最終日の2月3日には長嶋監督主催の懇親食事会が行われ、第2クール最終日の8日にも吉村選手会長が歓迎会を企画した。選手たちに打撃のアドバイスを送る姿は〝落合道場〟と称され、キャッチャーの村田真一はこれまでマスク越しに見てきた最強打者の部屋を自ら訪ね、直接指導を受けた。キャンプが進んでも、危惧されたチーム内の不協和音は聞こえてこなかった。

だが、そんな思いのほか静かな落合や長嶋巨人に対して、ある男がマスコミを通して盛んに挑発を繰り返す。

ヤクルトの野村克也監督が、〝口撃〟を開始したのである。

1994年1月31日、翌日からのキャンプに備え、巨人ナインとともに宮崎入り
KYODO

6
「巨人を棄てる。」騒動

「落合は、貝になるというとるそうやが、何を考えとるんや。ファンあってのプロ野球選手なんやないのか？」（週刊ベースボール1994年2月28日号）

1994年春、ヤクルトの野村克也監督は、西都キャンプに集まったマスコミを通して落合と長嶋巨人に対する挑発を繰り返した。前年に日本一に輝いた野村は、「最近のスポーツ新聞は3枚も4枚もめくらんと、野球の記事が出てこんやないか」とサッカーのJリーグブームに危機感を募らせていた。世間の目を野球界に向けさせる意図も兼ねたリップサービスは、「野球は、頭でするスポーツ。長嶋が飛んだり、跳ねたりしてるうちはヤクルトは安泰」とライバルを攻撃する内容がほとんどだった。

94年に入っても、サッカー人気はとどまることを知らなかった。1月に国立競技場で行われたヴェルディ川崎と鹿島アントラーズのJリーグチャンピオンシップ第1戦には、5万3553人もの大観衆が詰めかけ、セ・リーグの川島廣守会長は野球人気回復に向けて異例の声明文を理事会で発表。前年の巨人キャンプは、長嶋復帰と松井秀喜入団で空前の盛り上がりを見せたが、その松井が背筋痛で東京居残りということもあり、宮崎キャンプを訪れるファンの数も3分の1ほどに減少していた。だが、仮にノムさんの話題作りの一環であろうと、言われた方は当然いい気分はしない。「落合が抜けた中日は怖い」とまでボヤかれたオレ流は、珍しく感情的なコメントを残している。

「(ID野球は)一番ぶったたきやすい野球だよ。セオリーなんか一番たたきやすい。本当に強かったら、巨人や中日に負け越したりしない。古田がこけたらチームもコケるよ」(週刊ベースボール1994年2月21日号)

「死球くらいでガタガタ言うな!」

前年から野村ヤクルトと長嶋巨人には、因縁があった。

1993年5月27日の神宮球場で大久保博元が左手首に死球を受けて骨折。野村監督は「向こうも古田に何回も来てるやないか。大久保に当たったくらいでガタガタ言うな!」と吠え、6月8日の富山市民球場では、宮本和知がID野球の申し子・古田敦也の肩口へ死球を与え両軍睨み合いに。次打者が放った適時打で本塁突入した古田に、返球をキャッチした捕手の吉原孝介がダメ押しの肘打ちで応戦。これにネクストバッターズ・サークルにいたジャック・ハウエルが激怒して、両軍入り乱れる大乱闘に発展してしまう(ハウエルと吉原は退場処分)。

まだ乱闘が多く、WBCの代表チームも存在しない時代、チームの垣根を越えた交流もタブー視されており、球界は今よりずっと殺伐としていた。そして、宿敵に落合が加わった1994年の西都キャンプでは、野村監督が内角攻めを徹底させるために発注したという〝落合人形〟と呼ばれる人形をブルペンに立たせ、西村龍次や荒木大輔がブラッシュボールの練習に励んだ。依然として両チームは一触即発の危険な状況だった。

「落合は練習嫌い」は本当か？

巨人で初めてのキャンプに臨んだ40歳の四番打者は、例年より早いペースで調整を進め、2月15日にはマシン打撃を開始。その練習量の少なさにＯＢからは懐疑的な声も上がったが、所憲佐サブマネージャーが所用でホテルの部屋を訪ねると、中から汗だくの落合が出てきたという。

「所は落合の姿を見て驚いた。全身汗びっしょりだったのだ。『何やってるんだ、オチ』『仕事だよ、仕事……』ところで、何の用？』。所が用件を説明すると、落合は『何だ、そんなことか。わかったよ』と言ってドアを閉め、再び『仕事』に戻った。また素振りを振り始めたというのである」

（激闘と挑戦／落合博満・鈴木洋史／小学館）


練習嫌いとレッテルを貼られた男が、部屋でひとり納得をするまでバットを振っている。それが落合のやり方だった。ロッテ時代の恩師、稲尾和久は監督と四番打者という関係性に加えて、プライベートでは酒を酌み交わす間柄だったが、試合後にこんな光景を目撃したという。

「ある日の川崎球場、試合後、私は査定表をつけるのが日課だったから球場を出るのは一番最後。そこへ掃除のおばさんが現れて、まだロッカーに選手が１人いて掃除ができないから帰れません、というんです。ロッカーに行ってみると、試合が終わって1時間も経とうかというのに、落合がユニフォームのままバットを持って大鏡の前に立っている。あまりの真剣な表情に、声もかけられなかったよ」（週刊ベースボール1994年2月14日号）

オレ流と呼ばれたリアリストは、人前で誰かにアピールするための練習なんかに意味はないと思っていたのだ。だが、新天地の巨人はこれまでとは勝手が違った。ファンの前ではなくエアテントの中で黙々と打ちこみ、球団側が記者陣との異例の「お茶会」をセッティングするも、質問にまともなコメントを返さないマイペースぶりに、次第にマスコミもイラだったような報道が増えてくる。

「何でもカネ、カネにチーム内からも批判が　巨人落合博満『即席いい子』の化けの皮がはがれた後」（週刊現代1994年2月26日号）、「落合・松井・槙原は巨人の優勝をダメにする〝V逸トリオ〟だ」（週刊現代1994年3月5日号）、「落合vs.マスコミ、一茂vs.張本…巨人キャンプの一触即発！」（週刊宝石1994年3月10日号）といった批判的な記事が目につくようになる。

まさかの〝アキレス腱断裂〟

1994年2月27日の近鉄とのオープン戦初戦、落合は「四番一塁」で顔見せ出場。初の実戦の第1打席は阿波野秀幸に平凡な右飛に打ち取られ、3回の守りから交代した。長嶋監督のチームに対するキャンプ総括採点は「60点」という辛いもので、「今年のテーマは若手の底上げでしたが、むしろベテランに引っ張られた感じで……」と顔をしかめた。オープン戦で巨人が初勝利を挙げたのは7戦目。初戦から6連敗を喫し、前年に12球団最低だったチーム打率は、新シーズンも改善の兆しが見えず2割を切る低迷ぶりだった。

3月になると松井が右背筋痛を再発させて離脱、落合も調整のため九州や大阪の遠征には不参加。そんな中、志願して九州シリーズに参加したのが原だった。キャンプ中、室内練習場で原が落合の練習方法でもある、ホームベースをまたいでマシンに正対して構え、ボールを体の前で払い打つ「正面打ち」を教えてほしいと頭を下げたこともあったが、落合の反応は「やめとけ。ケガするだけだ」とそっけないものだった。

周囲からは「原はお人好しすぎる」なんて声もあがる中、35歳の元四番打者は生まれ故郷の九州で試合に出る。3日のロッテ戦は4打数ノーヒットに終わったが、長嶋監督は「気持ちが、ええ、出るという気持ちが大事なんですよ」と前年までとは違う背番号8の姿勢を称えた。

落合の加入に危機感を覚え、キャンプでも例年以上のハイペースで調整。オープン戦も序盤から出場するなど原は飛ばした。いや、飛ばしすぎた。3月23日、前橋でのヤクルト戦で35歳の身体は悲鳴を上げてしまう。持病のアキレス腱痛が悪化して、MRI検査を受けたら一部が切れていた。開幕直前に左アキレス腱の部分断裂で無念の離脱である。

「巨人を棄てる。」事件は起きた

３月12日にはジャイアンツ球場で、フリーバッティングをする落合が一緒になった松井に声をかけ、「20分も30分も打ち続けたら、体がバラバラになるぞ。あまり急に飛ばさんほうがいい」とアドバイスを送った。下旬には、出遅れていた松井が一軍再合流。

落合も３月26日の西武戦で移籍第１号を放ったが、ダイエー戦で巨人オープン戦史上ワーストとなる25失点の記録的な大敗を喫するなど、６勝12敗、勝率・３３３。12球団中11位の成績で長嶋巨人はオープン戦を終えた。順位予想でも評論家たちの巨人に対する評価は低く、４月３日にセ・リーグ６球団参加の巨人軍創立60周年記念トーナメントで、優勝をさらった野村ヤクルトのＶ３を予想する声が大勢を占めた。

そんな状況で、ある事件が起きていた。

３月８日、日本テレビ系列のプロ野球中継『'94劇空間プロ野球』のポスターが発表されたのだが、ユニホーム姿の長嶋茂雄が引退試合で両手に花束を持っている写真の上に、大きく赤い「×」印が描かれ、さらに赤字でこんなコピーが書かれていた。

「巨人を棄てる。」

サブコピーには長嶋監督の署名入りで「巨人軍は永久に不滅です。と、私が叫んだあの時から二十年。今年、私は、巨人を棄てます。サビついた栄光に、カビのはえた伝統に、しがみつくのは、もうヤメです」と過激な言葉が続き、「巨人軍は、まっさらの新球団としてスタートします」と締められていた。しかし、この広告は大問題となる。

開幕直前の４月４日、読売新聞社主催の巨人軍激励会の席上で、渡邉恒雄社長が、「巨人軍を育てきた多くの監督、コーチ、選手たち、何より長年のファンへの冒瀆だ。（中略）あんなコピーが巨人軍の最高経営会議の知らない間に発表されたのはまことに遺憾」（サンデー毎日１９９４年４月24日号）と激怒したのだ。そして、「巨人を棄てる。」のコピーは、ＣＭが３月下旬の３日間で20回ほど放送されただけでお蔵入りとなった。ちなみに自らの写真に「×」印のついたポスターを見た長嶋監督は、苦笑いまじりに、こう言ったという。

「ウーン、一番過激じゃないですか。まあ、宣伝の世界のことですから、こういうのもいいでしょうけど。ただ我々はとなると、棄てるわけにはいきませんからネ」（週刊ポスト１９９４年３月25日号）

いきなり「開幕戦ホームラン」

チーム状態は上向かず、グラウンド外でもゴタゴタ続き。頼みの落合も、オープン戦後半を11打席無安打で終え、４００勝投手の金田正一は年齢的な衰えを指摘した。
「オープン戦の落合の打席を見たが、昔に比べて打つポイントが（前になり、打ち方が）すごくせっかちになってしまっているのう。あの程度のバッティングなら、ピッチャーが腕の振りを遅らせたりすることでどうにでも料理できる。昔はもっと引きつけて打っていたのに」（週刊ポスト１９９４年４月15日号）
中日時代はオープン戦の結果がどうであれ周囲が騒ぐことはなかったが、絶えず注目を浴びる巨人の環境では一挙手一投足を監視されているようでもあった。そして、原も左アキレス腱の部分断裂からの復帰が見えず、開幕二軍スタートが決定。これで開幕ダッシュに失敗したら、そのままチームが崩壊しかねない。１９９４年開幕前の長嶋巨人は、そんな危ういバランスで成立していた。

だからこそ、落合にとっても、巨人にとっても、この開幕戦だけは絶対落とせない――。そんな状況で迎えた94年4月9日の広島とのオープニングゲーム。40歳の第60代四番打者は、いきなり超満員の観衆の度肝を抜く。2回裏の第2打席で東京ドームの左翼席中段に、挨拶代わりのホームランを叩き込んでみせるのである。

いつもより早足でダイヤモンドを一周すると、ホームベース後方でファイヤーガールから手渡されたミニジャビット人形をグラウンドに落としたが、すぐ拾い上げ、落合は少し照れ笑いをしたようにも見えた。興奮と熱狂の渦が球場全体を支配する。

一塁側ベンチ前では、満面の笑みで殊勲の背番号60を迎える、長嶋監督の姿があった。

第3章 ジャイアンツ1年目

（1994年）

40歳で巨人に移籍した落合博満。その肉体は周囲が思う以上にボロボロだった
BUNGEISHUNJU

7
落合はこうして巨人を変えた

「うまく振り遅れたな」

開幕戦で2本目のホームランを東京ドームの左翼スタンドに放ち、ホームを踏んだ松井秀喜は、ハイタッチを交わす40歳の四番打者・落合博満にそう声をかけられた。大ベテランからの風変わりな賛辞に、「その通りです」と苦笑いする19歳のスラッガー。ヘッドを遅らせ気味に出して逆方向に運んだ技ありの一打に、松井本人も「練習でもあんなスイングできませんよ」なんて驚いてみせた。10代での開幕戦2本塁打は、1953年の中西太（西鉄）以来の快挙だった。

長嶋巨人の下馬評は決して高くなかったが、春先にオレ流が「野手を代表して約束します。今年は5点取ります」と宣言した通り、広島との開幕戦では初回から5得点と打線が爆発。背筋痛で調整遅れが心配された松井と、オープン戦の不振から年齢的な衰えを囁かれた落合のアベックアーチが飛び出し、11対0と大勝したのだ。

ナベツネ絶賛「笑いが止まらんよ」

これには〝ナベツネ〟こと読売新聞社の渡邉恒雄社長も、「笑いが止まらんよ。云うことなしだ。巨人は錆びついてなかったろ。日本テレビによくいっとけ！」と開幕前にナイター中継の広告コピー「巨人を棄てる。」を巡り、ひと悶着あった日テレを自らネタにしつつご満悦。落合については、「彼は、4月9日をもって人が変わるといってたんだ。直接、オレにだよ。その通りじゃないか。大したもんだよ。さすがは落合だ」と絶賛した。なお、この開幕戦のテレビ視聴率は26・3%。瞬間最高視聴率は39・7%まではね上がり、巨人人気の健在ぶりを印象づけた。

球団では1987年の西本聖以来の開幕完封勝利をあげた斎藤雅樹は、その7年前は二軍生活中で雀荘から一軍の西本の快投を見ていたという。いまや〝平成の大エース〟へと駆け上がった背番号11は、愛息の幼稚園初登園日を完封で飾り、「入園祝いはもちろん、ウイニング・ボールですよ」なんて安堵の笑み。計7打点の〝MO砲〟とともにヒーロー3人揃い踏みのお立ち台に上がり、落合とがっちり握手を交わした。

実は試合終盤の8回表、ふたりはグラウンド上である会話を交わしていた。そこまで危なげなく完封ペースで飛ばしていた斎藤が、ワンアウトから広島の西山秀二に三塁打を許す。すでに9対0のワンサイドゲームだったが、落合は開幕戦だからこそできるだけいい勝ち方をしたいと考え、ネット裏の他球団のスコアラーたちにも「今年の巨人は違うのだ」という印象を植え付けたかった。すかさず、一塁を守っていた背番号60が動く。

「私は『1点もやらない守備陣形を取りたい』というサインをベンチへ送った。長嶋監督もOKしてくれたので間を取りにマウンドへ向かうと、斎藤は一瞬、驚いた表情を見せたが、『もう勝ちは見えているけれど、今日は絶対に完封しろ』と言葉をかけると笑顔で応えてくれた。そして、後続を二者連続三振に討ち取った。この裏の巨人は2点でダメのダメを押し、11点差で最終回。斎藤は、ツーアウトから連打を許したものの見事に完封をしてくれた」(プロフェッショナル/落合博満/ベースボール・マガジン社)

「じつは褒め上手」の声

個人主義の〝オレ流〟と呼ばれた男が、チーム全体のことを冷静に観察し、ここぞの場面で投手に声をかける。昨季まで巨人の天敵として君臨していた、三冠王3度の大打者の言葉は重みが違った。斎藤とともに強力三本柱を形成した槙原寛己も、ロッカールームの落合のマイペースぶりとは裏腹に、いざ試合となればチームバッティングに徹する姿と、抜群のタイミングで投手に声をかけてくれる心遣いに驚いたという。

「落合さんは、(中日時代)ボクを苦手としていた(らしい)こともあり、こんな風に言ってくれるんです。

『お前さぁ〜、あんないい球投げるんだから、ビビるんじゃないよぉ』

嬉しかったですね。試合が終わってからは、〝オレ流〟らしく、褒められたことも。

『マキぃ、今日のお前の球は、俺でも打てねぇや』

そう言ってシャイに笑うんです。どちらかと言うと、仲間に対しては褒め上手な方かもしれま

せん」（プロ野球 視聴率48・8％のベンチ裏／槙原寛己／ポプラ社）

中日時代にマスコミで確執も報じられた星野仙一いわく、「あいつは照れ屋なのよ。ものすごくシャイな部分と横柄な部分が同居している」と評す落合の生き方は、ときに組織や上司とぶつかり誤解や衝突を生んだが、後輩たちには頼もしい存在だった。

グラウンド上の現場監督のような存在感を放ち、試合を左右する重要な場面で、ここは本当にピッチャーが苦しんでいると思った矢先、気がつけばゆっくりと一塁から背番号60が歩き出している。当時、プロ4年目の元木大介は、その技術を見て盗んだ。

「落合さん、マウンドに行くときはファーストからいつもノソノソ歩いて行く。最初は『走って行ってよ』とか思いながらベンチで見ていましたけど、考えたらそれが絶妙な〝間〟なんですよ。ヤバイなって思う時にスーッと歩いていって何かモソモソ言って、グラブでケツ叩いてフーッと戻って来るんです。（中略）あの行くタイミング、間というのは、これだって思って勉強しました」（長嶋巨人 ベンチの中の人間学／元木大介・二宮清純／廣済堂新書）

のちに長嶋監督から〝クセ者〟と重宝された元木だけではない。数カ月前、落合の加入について聞かれ、「ボクのほうから教えを聞きにいくことはない」なんて若さと対抗心を露わにしていた松井秀喜ですら、開幕後に「週刊ベースボール」誌上で「落合さんが打線に入ったことで、自分たちにもできそうな気になった。頼る、というわけではないけど心強いし、存在感がありますから」と〝落合効果〟を口にするほどだった。

長嶋監督から「真夜中の電話」

広島に開幕2連勝の絶好のスタートを切った長嶋巨人は、前年10勝16敗と苦手にしていたベイスターズの本拠地・横浜スタジアムに乗り込む。迎えた初戦、昨年7敗を喫した野村弘樹から、落合は第1打席でいきなり2号アーチを放って天敵をKOすることに成功。しかし、オフに横浜から巨人に加入して守備固めでセンターに入っていた屋鋪要が、同点に追いつき迎えた9回裏にロバート・ローズの打ち上げた左中間へのフライを捕球できず、サヨナラ負けを喫してしまう。強風と雨に流され、記録上は二塁打だったが、ベテラン屋鋪にとっては古巣相手の屈辱の落球である。シーズン前、〝5点打線〟に加え、僅差の終盤に守りのスペシャリストを起用して守りきる、〝アメフト野球〟を標榜していた長嶋監督にとってもショックの大きい敗戦だった。その夜、悔しさで帰宅後も眠れずにいた屋鋪家の電話が鳴る。

「ああ屋鋪、きょうはご苦労さん。別に用事ではないんだけど、いやな思いをしていると気の毒だと思って電話したんだ。あのローズのフライ、あんなのは君が捕れなければ、誰も捕れないんだ。あんなコンディションのなかで野球をやること自体が間違いで、君のミスでもなんでもない。きょうはゆっくり休んで、またあす頑張ってくれ」（わが友 長嶋茂雄／深澤弘／徳間書店）

なんと長嶋監督から直々の真夜中の激励電話だった。前年オフに駒田徳広が「監督とはほとんど会話すらできなかった」とFAで巨人を去ったが、その反省もあり、１９９４年のミスターは選手たちとの距離を縮めるように自ら意識改革していたのだ。あの天下の長嶋茂雄が、自分たちのために変わろうとしている。その事実は、思いがけぬ電話に救われた屋鋪だけでなく、ナインの背中を後押しした。チームは痛恨の敗戦を引きずることなく、翌日から苦手の横浜相手に連勝を飾るのである。

「裏切り者」中日ファンの強烈ヤジ

「帰れ！　この裏切り者」

4月19日、ナゴヤ球場のスタンドからそんなヤジが背番号60に向かって飛んだ。巨人移籍後、初めて古巣の本拠地に登場した落合は、第2打席で山本昌広から左翼席中段に挨拶代わりの4号ソロを叩き込む。翌20日には自分の守備のミスから動揺する先発の桑田真澄にすかさず一塁から近づき、「何をそんなにカッカしてんの⁉」と声をかけた。

だが、落合のバットは次第に湿りだす。実は開幕直後から左ふくらはぎの古傷に加え、アキレス腱もかなり腫れており、普通なら欠場してもおかしくない状態だった。追い打ちをかけるように20日の中日戦の守備中、一塁に走り込んできた種田仁と激突。右のワキ腹を強打してしまう。試合には出続けたが、「バットがまともに振れない」という重症でこの日から6試合、自己ワーストの28打席連続ノーヒットのスランプ。だが、その不振の間も落合は10個の四死球を選び、犠牲フライを一本打った。

「見ていて、かなりシンドいのは分かるんです。でも、そのなかでキッチリとボールを見極めて、フォアボールを選び抜いている。出塁率を見てくださいよ。落合があそこ（四番）にいる意味は、それで十分といえますよ」（週刊ベースボール１９９４年5月30日号）

長嶋監督は傷だらけの四番をそう称えたが、攻守に存在が大きすぎてなかなか休ませることもできなかった。さらに27日の広島戦で、長冨浩志から左背中に死球を受けて悶絶。しばらくコルセットを着け、その後もテーピングを巻いて打席に立ち続ける。「どうだ、何試合か休んで、体を戻してから、また試合に出たら」とさすがにミスターも欠場を勧めたが、落合は頑なに休もうとしなかった。世間の〝ワガママ〟というイメージとはあまりにかけ離れたその姿に同僚の篠塚は、「落合さんを見ていると、自分がちょっと体調が悪いから休ませてくれなんて言えない」と呟いたという。

三冠王獲得を公言し、打撃タイトルを獲り続けることで己の存在価値を証明してきたあの個人主義者のオレ流が、打率2割1分台にまで落ち込んでも、愚直に四球を選び続ける。少年時代から長嶋茂雄になりたかった男は、巨人移籍の際にひとつの誓いを立てていたのだ。

「40歳を目前にしての大きな決断だったが、巨人の監督だった長嶋茂雄さんがＯＢや世論の向かい風を受けながらも声をかけてくださり、私に新たな道を開いてくれた。（中略）それと同時に、これまで信念として貫いてきた三冠王を狙うという大前提を頭の中から外した。現役16年目にして初めて長嶋茂雄のために戦うことにしたのである」（野球人／落合博満／ベースボール・マガジン社）

今シーズンに限り、優先すべきは、個人より組織。タイトルより優勝だ。しかし、40歳のフル出場は、文字通り己の選手生命を削りながらのものになる。マッサージの時間は1時間、1時間半と日に日に延び、体の負担を減らそうとマイカー通勤ではなく、ハイヤーと年間契約を交わして移動時間も休養に当てる。遠征先のホテルでも外出はせず、部屋でひたすら泥のように眠り疲労回復に努めた。

チームは4月を13勝6敗の首位で終え、月間MVPには松井が選出された。落合も打率こそ低かったが、打点はリーグトップを争っていた。「入団のとき、現場が必要だと言ってるのに関係ないOBがしゃしゃり出てジャマしたから、落合だって怒ってるわよ。だから落合も意地を見せなきゃならないでしょ」（週刊宝石1994年6月2日号）と信子夫人は明かしたが、その獲得に否定的だったOBや野球評論家たちも〝落合効果〟を認めざるを得ない快進撃である。

野球人気低迷が囁かれた巨人戦ナイター中継のテレビ視聴率は、Jリーグ中継を大きく上回る連日20％超えを記録。読売新聞社の渡邉恒雄社長も「あんまり勝ちすぎると、今度はお客さんが来なくなる。スリルがなくなるし、ほどほどでいいよ」なんて余裕の勝利宣言だ。

すべては順調なように思えた1994年春の長嶋巨人だが、大黒柱の落合博満の肉体は、すでに周囲が思う以上にボロボロだった。迎えた5月、満身創痍の40歳に対する各球団の内角攻めはさらに厳しさを増していく。落合さえつぶせば、巨人は止まる。背番号60は、開幕1カ月にして正念場を迎えていた――。

1994年5月18日の完全試合。喜ぶ槙原寛己の後ろで落合もホッとした表情
Sankei Shimbun

8
あの完全試合のウラ側

「オレがつぶれたら2人の人間がダメになってしまう。130試合出るつもりじゃなくて、出るんだ。そういう気構えじゃないと、気持ちが切れるから」（週刊ベースボール1994年5月30日号）

1994年5月7日の中日戦（東京ドーム）、6号ソロアーチを放ち、リーグ単独トップの21打点目を記録した落合は、チームがサヨナラ勝ちを飾った直後、報道陣の前でそうポツリと口にした。普段は「調子が上がってきたって？　ごまかしだよ」なんてうそぶく男が漏らした本音。ここで言う、〝2人の人間〟とは、自身と長嶋茂雄監督のことである。

4月下旬に死球を受けた背中に近い左ワキ腹の痛みは長引き、この日も中日の小島弘務から右肩にぶつけられていた。ボロボロの体で満足にバットを振れる状態ではなかった。しかし憧れの長嶋監督から、「お前の生き様を、ウチの若い選手に見せてやってくれ」と口説かれて巨人入団を決めた落合は、四番打者として打席に立ち続ける。

「四番というのは、すべてに責任を負う打者ということだ。エースと四番というのは、そこが他の選手とは違うところなんだよ。（中略）巨人の四番というのはな、オレのイメージではやっぱり全日本の四番なんだ。日本中の野球をやってるヤツが集まって、ベストのチームを作ったときに、その四番に座るのが巨人の四番なんだよ。長嶋さんが、監督がそうだったじゃないか」（週刊ベースボール1994年5月30日号）

その己の仕事に対する職人肌のこだわりの一方で、「どこのチームの四番であっても、四番は四番なんだよ」とクールにグラウンドに立つオレ流の二面性。照れ屋であり、ときに自信家。リアリストであり、ときにロマンチスト。冷静と情熱の狭間に、選手・落合は存在した。

信子夫人「またぶつけられるよ」

ただひとつ確かだったのは、FAでの巨人移籍時にあれだけ球団OBたちから批判された落合が、皮肉にもその「巨人の四番」という消えかけた伝統を結果的に守ろうとしていた事実である。大量リードの試合で、長嶋監督から途中交代を勧められても「監督、まだ早いですよ。ゲームはまだわかりませんよ」と断り、グラウンドに立ち続ける背番号60。「週刊文春」の人気コーナー「阿川佐和子のこの人に会いたい」のゲストに呼ばれた信子夫人は、そんな夫の心境をこう代弁している。

「落合はF・A（フリーエージェント）宣言して巨人に入ったけど、その間、OBの方やマスコミに『落合なんか取ったって意味がない』とか『なぜ四十男なんか取るんだ』とか、わんわん言われたでしょう。だから、本人には『落合一人で底上げなんかできるかって批判食っているんだから、休むわけにはいかないのよ。あんたは一年契約で巨人の助っ人。それに、ぶつけられて引っ込めば、

また、ぶつけられるよ』って言ったのね」（週刊文春1994年6月9日号）
プロとして、痛みを見せることは、弱みを見せることでもある。治療後、トレーナー室から出るときは、テーピングの上からアンダーシャツをしっかり着て、あえてマッサージを受けただけという顔で歩いた。
開幕ダッシュに成功した首位・巨人に対する、各チームの攻めは厳しさを増していた。落合の前を打つ三番の松井秀喜も4月16日のヤクルト戦で執拗に内角を突かれ、「あと5ミリずれていたら、間違いなく骨折していた」（萩原宏之チーフトレーナー）という右手直撃の死球を受けた。5月中旬、その死球を巡り、長嶋巨人は宿敵の野村ヤクルトとひと騒動起こすことになる。

大乱闘で「指2本骨折」

1994年5月11日、神宮球場でのヤクルト対巨人戦は荒れた。2回表にヤクルトの西村龍次が投じた速球が、打席の村田真一の側頭部を直撃。ヘルメットにヒビが入る衝撃だったが、村田は一度立ち上がりマウンドへ向かおうとするも、その場に昏倒して担架で運び出される。ヤクルトは攻守の要、キャッチャーの古田敦也が故障離脱中で、苦しい戦いの続く野村克也監督は「巨人が独走しているのは、（正捕手の）村田がよくなったから。村田をつぶせば勝てる」と戦前に発言していた。

球場は騒然となり、今度は3回裏に巨人の木田優夫が打席に入った西村の尻にぶつけ返し、怒りのノムさんが球審に抗議。両軍ヒートアップして迎えた7回表、再び西村がダン・グラッデンの顔面付近にブラッシュボールを投げてしまう。右打席でヘルメットを吹っ飛ばしながら避けるも、この一球で〝カリフォルニアの暴れ馬〟と呼ばれた元メジャーリーガーの怒りに火が付いた。

マウンド上の西村を威嚇した直後、止めに入った捕手・中西親志にジャブからの右アッパーを食らわせ両軍入り乱れて揉みくちゃの殴り合いに。結局、グラッデン、西村、中西と当事者は全員退場処分。派手に立ち回った36歳の助っ人は、出場停止処分12日間と同時に右手親指と左手小指を骨折して長期戦線離脱という、あまりに大きな代償を払った。後日、セ・リーグのアグリーメントが現代まで続く「頭部顔面死球があれば、投手は即退場」と改められたわけだが、グラッデンはメジャー時代にもチームメイトと取っ組み合いの喧嘩をして指を骨折している気性の荒いファイターで、来日直後に前年から続く両チームの死球合戦を聞かされていたのだ。

試合後の興奮気味な長嶋監督は「目には目ですよ!」と過激なコメントを残したが、7回の乱闘では珍しく落合もその輪の中心に駆け寄り、ヤクルトの選手を集団から引きはがした様子がフジテレビのナイター中継で映され、「落合も怒っています!」と実況アナウンサーは伝えた。強打者に死球はつきものだが、落合はこの騒動について、のちに自著でこう書いている。

「経緯は別にして、ピッチャーが投げてくるときの目線で故意か過失か判断できる。マスコミの『遺恨』でどうこうという見方はちょっと当てはまらないわけだよ。(中略)村田に対する西村のデッドボールは故意に狙った雰囲気ではないんだよ。ただ、それまでの経緯があって、しかも村田はキャッチャーというチームの要で、あの当時よく打っていた。だから、それをつぶしちまえと

いうことであの球を投げた、と思われてもしようがないけれどね」（激闘と挑戦／落合博満・鈴木洋史／小学館）

なお、3回に木田が西村に死球を与え、野村監督が執拗に抗議している間、巨人の内野陣はマウンド付近に集まっていたが、一塁手の落合だけはひとりホームベース付近まで前に出て、抗議の様子を険しい顔でじっと見つめていた。まるで、一塁側ヤクルトベンチに対して、「オレは一歩も引かないよ」というファイティングポーズを取り、同僚たちを鼓舞しているようでもあった。

実は当時、おとなしい選手の多い巨人は、乱闘騒ぎがあると途端に萎縮して試合に負けると指摘されていた。

あの完全試合のウラ側

この11日の乱戦も落とし、警告試合となった翌日こそエース斎藤雅樹の力投で両リーグを通じて20勝一番乗りも、13日の横浜戦では15失点の大敗。そこから3試合続けての一桁安打でシーズン初の3連敗を喫した。投手陣は外角一辺倒のピッチングを痛打され、打者は内角を意識するあまりスイングを崩す悪循環。「木田、橋本ほか長嶋巨人は〝危険球ノイローゼ〟に罹っている!?」（週刊ポスト1994年6月3日号）と揶揄する声もあがり、春先から目いっぱい飛ばした巨人は〝5月病〟の息切れを囁かれた。

こんな時こそ、なんとかチームの雰囲気を変えるきっかけが欲しい。その最中の、15日に横浜戦の先発マウンドへ上がった槙原寛己は、最速148キロと直球が走り、絶好調のピッチングを披露するも、試合は3回途中で雨天中止に。やはり今の巨人にはツキがないのか……。結局、槙原は中2日で九州遠征の広島戦に先発することが決まる。

今思えば、この横浜の雨が、1994年5月18日の福岡での大記録に繋がっていくのである。

男の運命なんて一寸先はどうなるか分からない――。横浜スタジアムでの先発試合が3回途中で流れた翌16日、槙原寛己は元広島投手で脳腫瘍により亡くなった津田恒実のドキュメンタリー番組を食い入るように見た。前夜にNHKで放送された番組を妻が録画しておいてくれたものだ。ふたりはともに1981年ドラフト1位でプロ入りしている同期生で、津田は1982年、槙原は1983年の新人王に輝いている。背番号17は福岡遠征のため自宅を出る直前まで、そのビデオを見ると、こんな言葉を呟いたという。

「津田さんは野球がやりたくてもできなかった。あの人のことを考えたら、オレは投げられるだけ幸せだと思うよ」

前年オフ、FAでの他球団移籍が報道される中、長嶋茂雄監督から17本のバラ（実際に数えたら20本だった）を贈られ、巨人残留を決めた槙原だが、前年の推定年俸7800万円から1億2000万円への大幅アップに加え、功労金4000万円、3年間のトレード拒否権といった当時としては破格の好条件は、〝ゴネ得〟と週刊誌から叩かれた。しかも、春季キャンプは右ふくらはぎ痛で出遅れた上に、復帰後すぐに今度は左ヒザ痛でリタイア。チーム投手最高給でありながら、度重なる離脱は自己管理の甘さを指摘された。
5月18日の福岡ドームの試合でさえ、直前に門限を破り、1カ月の外出禁止を言い渡され、18日に勝利投手になればそれが解かれる自由への戦いだった。初回、槙原はカープ打線を三者凡退に抑え、その裏に四番落合博満の右中間フェンス直撃のタイムリー二塁打で巨人が先制する。そこから快調に飛ばし、5回二死で金本知憲を投ゴロに打ち取り、これで勝ち投手の権利だと思った瞬間、気持ちが緩んだ槙原は危うく痛恨のミスをしかける。
「余りに浮かれたボクは、ボールを中途半端に1塁に放ってしまいました。ボールは、フォーク以上に、明白に落ちました。そう、ワンバウンドです。『！』1塁の落合（博満）さんが、必死になって体で止めてくれた。『何やってんだ』って顔してましたよ。ありがとうございます、落合さん。自由を得られたのは、落合さんのおかげです」（プロ野球 視聴率48・8％のベンチ裏／槙原寛己／ポプラ社）
ここがゲームのターニングポイントだった。九死に一生を得た背番号17は、その後危なげなくひとりの走者も許さないまま、9回表のカープの攻撃を迎えるのだ。午後8時14分、広島27人目の打者・御船英之の打球は一塁側ファウルグラウンドに力なく上がり、落合が構えたミットにおさまった。その普段は常に余裕すら感じさせるオレ流らしからぬ懸命な打球の追い方と、三塁を守る長嶋一茂のバンザイと、マウンド上でジャンプする槙原の姿は、「平成唯一の完全試合」として人々に長く記憶されることになる。

前田智徳の強烈コメント

「5、6回あたりから〝これ、行っちゃうな〟というのはあったよ。意外に早かったわけ、これ行くなと思ったのは。だから、守っていて固くなるということはなかった。流れの中でわかるんだよ、これは行く、行かないというのが。あの試合に関しては1回もマウンドに行っていない。絶対、流れを断ち切ったらいかんと思っていたから。それだけは気を遣っていたんだ」（激闘と挑戦／落合博満・鈴木洋史／小学館）

オレ流も絶賛したその投球内容は、打者27人に対して全102球、奪三振7、内野ゴロ11、内野フライ6（うち捕邪飛1、一邪飛2）、外野フライ3で史上15人目の完全試合を達成。前半は速球で押し、中盤以降はフォークやスライダーを低めに決めゴロの山を築いた。1978年の今井雄太郎（阪急）以来16年ぶりの偉業で、いまだにドーム球場唯一の完全試合でもある。

当日、落合もそのバットコントロールを高く評価する広島の前田智徳は、クリーンナップを組む江藤智とともに故障で欠場していた。若かりし日の眼光鋭い前田は、「ワシと江藤さんのいないカープから完全試合して嬉しいかって、槙原さんに言うといてください」なんて強烈なコメントを残している。

球団通算7000試合目のメモリアルゲームを、これ以上ない最高の形でものにした長嶋監督は、神宮での乱闘騒動以降の重い雰囲気を振り払うかのように、グラウンドに飛び出して背番号17に抱きつき祝福。試合後は、「確かに槙原も凄かった。それで目立たなくなってしまいましたが、

（先制打を放った）落合の後押しがあったからこそ、槙原の快挙になったんですね」とここでも40歳の四番打者を立てることを忘れなかった。

やっぱり巨人OBが苦言

しかし、一方で満身創痍のまま試合に出続ける背番号60に対しては、相変わらず批判的な声もあった。

400勝投手の金田正一は「週刊ポスト」の自身の連載「カネヤンの誌上総監督」において、「はっきりいって、マスコミから同情されるようでは選手生命はおしまいなんですよ」とオレ流に苦言を呈している。

「スポーツマスコミはこぞって『耐える4番』と、まともにバットが振れる状態ではないことを強調し、落合も打席で空振りをした直後に痛みをこらえるようにしゃがみ込む。こういうことはチームが好調だから許されとるが、プロフェッショナルとしてはあるまじき行為なんじゃ」（週刊ポスト1994年5月20日号）

しかし、万全の状態ではなくとも、徐々に落合のバットは上向いていく。5月26日の阪神戦を雨で流すと、全試合出場中の落合は「最高の雨。恵みの雨。とにかくうれしい雨。いまは雨が一番だよ」と体を休め、一時は2割1分台にまで落ち込んだ打率もじわじわと2割7分台にまで回復。

５月31日の中日戦では延長10回に松井が、プロ初の第８号サヨナラアーチを東京ドームの右翼席上段に叩き込んだ。これには長嶋監督も「ウチはこういう野球、ドラマチックに行くんです。報道陣のみなさんも楽しんでますか」と上機嫌だ。巨人は13勝６敗の４月に続いて、５月も13勝10敗で乗り切り、26勝16敗の貯金10。２位中日に３・５ゲーム差をつけて首位を快走する。

そんな好調を維持する長嶋巨人において、ひとり取り残された男がいた。

開幕直前に左アキレス腱の部分断裂を負い、ギプス姿のままジャイアンツ球場でリハビリを続けた背番号８。昨年までの四番打者、35歳の原辰徳である――。

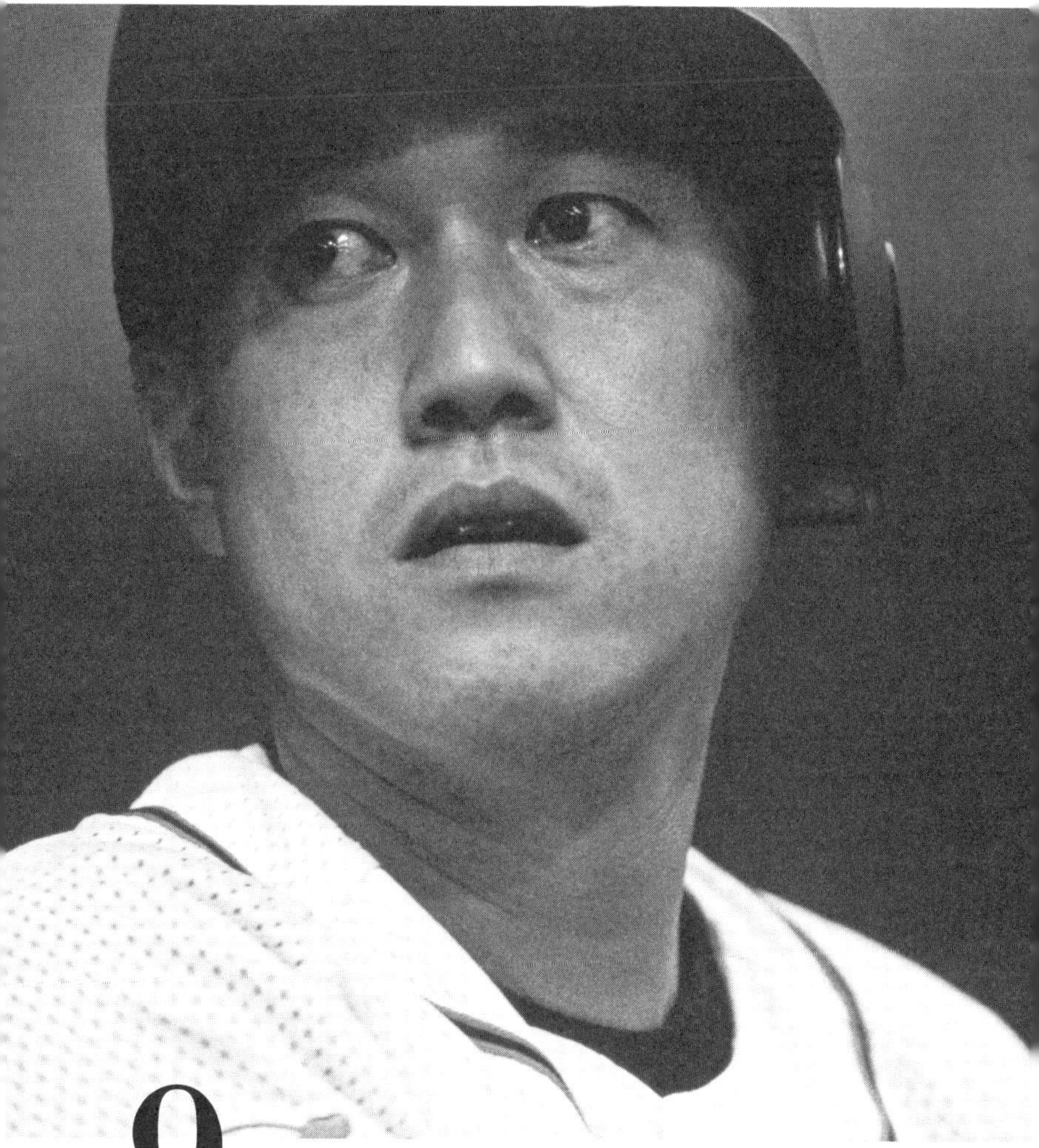

左アキレス腱の故障で開幕二軍スタート、苦戦していた1994年の原辰徳（35歳）
BUNGEISHUNJU

9
エリート・原辰徳vs.雑草・落合博満

「髪の毛、立ってる？　いいよ、女の子のモデルじゃないんだから。オレ、嫌いなんだよ」

編集者が撮影用に準備したイタリア製カシミア・セーターを差し出すと、無愛想な男は「なにバカなこと言ってんの、着換えないよ。そんなことならオレは帰る」と出口に向かいかける。１９９４年2月3日発売の「Ｎｕｍｂｅｒ」３３３号で、写真撮影に臨んだ40歳の落合博満は、握ったボールを見つめてというカメラマンからの注文にも、「もういいよ。早く話にしよう。プロは一枚、一発勝負よ」なんてカメラの前から逃げようとした。あの星野仙一が「ものすごくシャイな部分と横柄な部分が同居している」と評したように、球場ではあれだけ自信満々に振る舞うオレ流も、グラウンドを一歩出ると、照れ屋だった。

そんな落合とは対照的な野球人生を送ってきたのが、原辰徳である。１９８１年に新人王を獲得すると、ピーク時は明治製菓、大正製薬、オンワード樫山といった大手7社とＣＭ契約を結び、ブラウン管の向こう側から日本中にタツノリスマイルをふりまいた。80年代に圧倒的な知名度を誇った巨人軍の中心で光り輝く若大将。その凄まじい人気ぶりには、同僚外国人のウォーレン・クロマティも皮肉交じりに、こう呆れるほどだった。

「原はすごくオシャレだ。カメラマンのためにめかしこんでいるのを、何度目撃したことか。（中略）まだ早い時間で、グラウンドには誰も出ていない。だいいち原はその日、出場しないことになっていた。それでもカメラが待ち構えていると知って、いそいそとグラウンドに出ていくではないか。俺は野次馬根性から後をつけた。原はダッグアウトの最前列に座ってポーズをとる。するとカメラがズームする。まるで映画スターか何かのようだ」（さらばサムライ野球／W・クロマティ、R・ホワイティング共著／松井みどり訳／講談社）

エリート原への猛批判

しかし、そんな80年代の球界のアイドルも、35歳で迎えた１９９４年シーズンは、オープン戦終盤に負った左アキレス腱の部分断裂で開幕二軍スタート。自分がいない一軍は、両リーグ20勝一番乗りと開幕ダッシュに成功して、10年間にわたり守り抜いた「巨人の四番」の座も、ＦＡ移籍してきた40歳の落合が全試合スタメン出場を続けていた。

崖っぷちの原はギプスが取れてから、わずか４日目にスパイクを履いての練習を再開。「現場（一軍首脳）は6月でいいから、ゆっくり間に合わせろといってくれてますが、自分ではそんなつもりはないよ。ズバリ5月20日。ここをメドに一軍に戻るつもりだよ」と「週刊ベースボール」の直撃に自身を鼓舞するかのように宣言。しかし、復帰を焦るあまり、飛ばしすぎて5月28日には背筋痛で一軍合流直前に無念の再リタイアだ。当時スポーツキャスターで、少年時代に原に憧れて東海大相模高のセレクションを受けたことのある栗山英樹は、取材中に偶然その瞬間に立ち会い、「このまま引退するんじゃないかというほどひどいと聞いて、すごく心配した」と明かしている。

結局、背番号8はチームの52試合目、原家の朝食に赤飯が並んだ6月14日の阪神戦に「七番サード」でようやく復帰。すると、第2打席で先発・藪恵市のフォークボールを東京ドームの左翼席にライナーで叩き込んだ。246日ぶりの一発に試合後のお立ち台では、「一番嬉しいホームランと言ってもいいんじゃないですかね」と目を潤ませて大歓声に応える若大将。翌朝のスポーツ報知も「泣けたぜ!! 原1号」と一面で報じた。しかし、ファームでの調整出場を拒否した原に対して、元西鉄の豊田泰光は自身の連載「オレが許さん!」の中で、厳しく批判している。

「6月9日、神宮のクラブハウスで（原は）長嶋監督と話し合った時も『イースタンの試合で調整するつもりはありません』と断ったらしい。入団以来、一度もファームの試合に出ていないというプライドがあるそうなんだけど、いつ引退してもおかしくない、なんていわれてた選手にプライドもへったくれもあるもんか」（週刊ベースボール1994年7月4日号）

加えて、「これだけ独走していても優勝は？ ぶっちぎり長嶋巨人にくすぶり続ける内紛の火ダネ」（週刊現代1994年7月2日号）でも、中畑清打撃コーチが「原は一度二軍で調整したほうがいい」と強く意見したことが報じられた。逆風の中で、復帰間もない広島戦で背番号8はキャリア初のセーフティーバントを決めて、「前から一度、やってみたかったんだよね。四番じゃ、こんなことできないから……」と六番や七番で試合に出続けながらも前を向いたが、チームの主役はすでに原や篠塚和典ではなく、20歳になったばかりの松井秀喜と第60代四番打者の落合だった。

〝15歳年下〟ピッチャーに謝罪

長嶋巨人は快調に白星を重ね、5月後半から6月前半にかけても第二次長嶋政権初の8連勝を記録。6月18日のヤクルト戦（東京ドーム）では落合が1回裏に先制タイムリーを放ち、斎藤雅樹がこの1点を守りきり164球の完封勝利を挙げた。斎藤は早くもシーズン5度目の完封で、4月22日の阪神戦から負け知らずの8連勝となる9勝目。この試合、9回二死一塁の場面で、マウンド上の背番号11に落合が歩み寄り、こう声をかけている。

「おい、きょうはおまえの試合なんだ。完封の日だ。とにかく高さだけは間違うな」

落合はエースクラスだけでなく、若手投手や控え選手にも気を配った。5月20日のヤクルト戦（東京ドーム）で、代打・福王昭仁が勝ち越しの1号2ランアーチを放つと、ベンチに戻った福王の頭を長嶋監督がポンポンと撫で、そのミスターのすぐ隣の席が定位置の落合は満面の笑みを浮かべ、福王に右手を差し出しがっちり握手を交わす。己の本塁打には表情ひとつ変えない無愛想な男が、伏兵の殊勲の一打を自分のこと以上に喜んでみせたのだ。

6月12日の中日戦（ナゴヤ）では木田優夫が先発したが、一塁を守る落合のエラーがきっかけでKO負け。二軍落ちの危機に直面すると、その夜、宿舎で木田の部屋のドアをノックする音がした。扉を開けると、なんと大先輩の姿。落合が自分のエラーを謝りに来たのだ。撮影でセーターの着替えや髪のセットすら嫌がる、気ままなオレ流が、野球のことになると15歳も年下の後輩に頭を下げてみせる。どちらが本当の落合博満なのか、同僚にすら分からなかったが、それは例えば、周囲に対して変わらず、いつ何時も「エリート原辰徳」であることを自らに課しているかのような振る舞いをする原とは、対照的な姿でもあった。

春先に受けた死球や守備時の走者との交錯で満身創痍の落合だったが、フル出場を続けながら状態を上げ、6月22日の広島戦（東京ドーム）では、勝ち越し二塁打に9号2ランとまさに四番の働き。チームは翌23日も競り勝ち、カープ相手の3連勝に貢献する。その復調ぶりに日々の食事を管理する信子夫人も太鼓判だ。

「落合は調子がいい時は、食欲が出てきて、夕飯が済んだ後に『そば作ってくれ』って、一杯でも二杯でも食べちゃうのよ。最近、ご飯の後に『ラーメン作ってくれ』って言うようになったから、だんだん体調も良くなってきてるってことね」（週刊文春1994年6月9日号）

「緊急ミーティング」落合が動いた

落合と松井が打線を牽引し、原も復帰した。6月も16勝6敗と大きく勝ち越した巨人は、6月末に貯金20に達する快進撃で、同率2位のヤクルトと中日に9・5ゲームの大差をつけての独走状態に入っていた。アナウンサーの深澤弘が、長嶋監督に「なぜ、こんなに強くなったんですかね」と聞くと、「それは落合ですよ。落合が一人入っただけで、何人もの選手が増えたような錯覚を起こす」と即答したという。

「考えて下さいよ。いま、こうしてウチが首位にいられるのも落合を獲ったというシーズンオフの戦略、つまりチーム作りが成功したからなんだ。試合での戦術なんか、どこの監督も似たりよったり、ハナクソみたいなもんだ。問題はチーム作りという戦略が勝負なんだ」（わが友長嶋茂雄／深澤弘／徳間書店）

饒舌なミスターの背番号60に対する信頼感は絶大なものだった。4月の月間MVPに輝いた松井は6月にスランプに陥ると、プロ初の送りバントを命じられたり、チャンスで「代打・原」を送られるなど、7月5日の阪神戦での10号アーチが、21試合91打席ぶりの一発とまだ若さ故のムラがあり安定感に欠けていた。

しかし、首位固めをしながらも、「アヒルのようにヨタヨタしてるでしょ。ギリギリのところで踏みとどまっているんですからね。楽勝ムードなんて微塵もありません」と長嶋監督はベテランの多いチームの夏場での息切れを危惧していたが、そのミスターの動物的カンは的中してしまう。

7月7日の敵地・阪神戦から始まった連敗は、12日の札幌での中日戦で山本昌広に3安打完封を喫し、5連敗まで伸びると、すかさず背番号60が動いた。落合は宿舎の札幌後楽園ホテルに戻ると、ユニフォーム姿のまま14階のエレベーターホールに選手だけを集め、緊急ミーティングで「みんな、どうしたんだ」と移籍後初めてナインに檄を飛ばしたのだ。

「5連敗をしたといっても、9・5もあったゲーム差が2つ縮まったに過ぎない。うちが絶対的に有利なのは確かなんだ。マスコミは、ここぞとばかりに色々書くが、彼らもそれが仕事なんだ。だから俺たちも自分の仕事をしよう。まだリードはたっぷりあるんだから、負けたっていいじゃないか。それと、今は野手が投手に迷惑をかけているけれど、必ずまた点を取るから、投手は点をやらないで踏ん張ってくれ。とにかく、野手は投手を信頼しよう。投手は野手を信頼しよう」
（野球人／落合博満／ベースボール・マガジン社）

全員で車座になって腰を降ろし、ひと通り話し終えると、「シノ（篠塚）どうだ？」「タツ（原）、何か意見はあるか？」と生え抜きのベテラン陣にも意見を求めた。すると、翌13日の中日戦、桑田が2失点完投勝利でチームの連敗をストップ。春のオープン戦で滅多打ちを食らいながらも、「まあシーズンに入ってからを見ててくださいよ」と言ってのけた右腕は、有言実行でハーラートップに並ぶ9勝目を挙げた。ヒーローの背番号18は、「あのときの話し合いで、チームがいい雰囲気になった」とコメントするも、当の落合は「やってない。知らないよ」と舞台裏を語るようなことはしなかった。約2週間ぶりに本拠地に戻った7月16日の横浜戦では、槙原寛己が1点を守り抜き完封で8勝目。5連敗後に3試合連続で1点差ゲームをものにして3連勝と巻き返す。この年、斎藤・桑田・槙原はそれぞれ競うように好調を維持していた。

長嶋巨人が誇る先発三本柱は当然のように真夏の祭典、オールスターゲームにも3人揃って選出される。松井も外野手部門のファン投票で初出場を決めた。そして、前年まで13年連続で球宴選出中（1992年は怪我で辞退）の落合は、いわばセ・リーグの顔でもある。当然、今年も誰もが思った。しかし、首位を走る巨人の四番打者は、オールスターの監督推薦から漏れ、物議を醸す。

なぜ落合は落選したのか……？　この年、監督推薦での出場選手を選出するのは、全セを率いる前年度優勝チームの指揮官、ヤクルトの野村克也監督だった――。

1994年7月のオールスターでのイチローと松井秀喜。イチローが1学年上だが、当時どちらも20歳
JIJI PRESS

10
「オールスター落選事件」vs. 野村克也

「イチローの打率4割？　そりゃ、すごいよ。でも、ホームランがゼロでいいなら、オレは7割打つよ」（週刊ベースボール1994年7月25日号）

１９９４年夏、40歳の落合博満は、球界にキラ星の如く出現したオリックスの天才バッターに対して、そんな称賛と意地が垣間見えるコメントを残している。開幕直前に鈴木一朗から〝イチロー〟へと登録名を変更したハタチの若者は、春先からハイペースで安打を積み重ねたが、当初の注目度は意外に低く、初めてスポーツ紙の一面を飾ったのは6月25日の日刊スポーツだった。前日の日本ハム戦で打率・３９８に上げ、夢の4割に迫る背番号51が、またも2安打を放ち60試合目で日本最速のシーズン１００安打を達成した日である。

まだ野茂英雄がドジャースに入団する前年で、日本の野球ファンにメジャーリーグは馴染みが薄く、スポーツ紙の一面は連日のように長嶋巨人や松井秀喜が独占。だが、7月以降はそこにイチローが食い込んでくる。「ベースボールマガジン　１９９４年プロ野球総決算号」によると、オリックスの前年は主要6紙でわずか3回の一面登場だったのが、１９９４年のイチローは個人で30回も一面を飾り、オリックスの観客動員はリーグトップの18・6％増、球団新記録の１１８万人をグリーンスタジアム神戸に集めた。たったひとりのニュースターが、球界のパワーバランスそのものを変えようとしていたのだ。

「ノムさんは落合が嫌いなようだ」

〝平成の新安打製造機〟イチローと〝昭和の三冠王〟落合博満。1994年のオールスター戦は新・旧大打者の初競演が話題になる……はずだった。しかし7月9日、スポーツ各紙にこんな衝撃的な見出しが躍るのだ。「落合球宴外された」と——。

「落合を入れれば、駒田（横浜）、広沢克（ヤクルト）も入れたくなる。文句なしの成績も出ていないし、心を鬼にしてやめた。（中略）いつまでも落合の時代じゃないよ」（週刊ベースボール1994年8月1日号）

全セを率いるヤクルトの野村克也監督は、落選の理由を淡々と語ったが、巨人の須藤豊ヘッドコーチは「ナンセンスだ。すべてのスターが集まるからオールスター。何かあるとしか思えない」と報道陣の前で怒りを露わにした。G党で知られる大相撲力士の水戸泉も「自分が同じような立場だったらどう思うでしょうね」とガッカリ。これには評論家からも批判の声が相次ぎ、元阪神の四番打者・掛布雅之は「週刊文春」のコラムで、落合の落選にこう疑問を呈している。

「野村監督はあくまで『成績重視』を理由にしているが、たしかに数字は落ちているとはいえ、恥ずかしいものではない。首位を独走するチームの四番としての存在感を考えた時、落合落選は理解に苦しむ。（中略）リーグの顔と呼ばれる選手と同じベンチに座って野球をすると、頭から冷水をぶっかけられたような刺激を受けるものだ。今の球界では落合がその存在であるだろうし、選ぶ側は成績重視の一方で、こういった要素も考慮すべきではないだろうか」（週刊文春1994年7月21日号）

今となっては〝名将野村〟のイメージが強いが、ヤクルト時代は長嶋巨人に対して知将の仮面を脱ぎ捨て、ときに感情的になり、度々物議を醸していたのも確かだ。元ホームラン王の田淵幸一も自身の連載「田淵幸一の新球界一刀両断」の中で、「私はこの騒ぎで野村監督の意外な一面を見た」と評している。

「ＩＤ野球の権化、策士などといわれているが『ノムさんは案外、正直者だなあ』と思ったのだ。いまの巨人の状況を考えると、落合をオールスターに出したほうが他球団は有利なはずだ。40歳の落合はバテバテ。もともと7月には弱いタイプだが、今年は特に疲れが目立つ。（中略）確かに野村監督は落合が嫌いなようだ。その正直なところが露呈して、珍しく球宴後をにらんだ計算まではずしてしまったのだ」（週刊現代1994年7月30日号）

宿敵のベテランスラッガーを休ませるなんて策士・野村らしくない、というわけだ。松井を巨人ではまだ経験のない全セ四番に抜擢したのも、「将来日本を代表する打者になる松井に、いまから四番の自覚を持たせたい」というノムさんの言葉通りに受け取る関係者は少なく、自軍で落合を四番で使い続けるミスターへの揺さぶりと囁かれた。球宴第2戦を勝利で終え、長嶋監督もいる全セのベンチの中で、「みんなゴクローさん。この調子で後半戦は、〝打倒・巨人〟でガンバりましょう」なんてジョークをあえて口にしてみせる59歳の月見草。〝打倒・巨人〟こそ、野村の野球人生のガソリンだった。

落合と野村が「笑顔で話した日」

そんな周囲の喧噪を横目に、当事者の落合本人は「ちょうどよかったよ。体を休められるしな。念願がかなったよ。毎年、出たくないといってたしな」と表面上は軽く受け流す。そして、7月17日の前半戦ラストゲームが終わると大阪の整体院へ向かい全身にハリを打った。前半戦はチーム78試合すべてに四番として出場。打率・289、10本塁打、50打点という成績を残し、一塁守備でも懸命にボールに食らいつき、「中日時代に、あんなプレーは見せたことがない」と記者も驚くほどだった。しかし、7月に入り打席内で首をかしげる背番号60の姿は、さすがに疲労の蓄積を感じさせた。

結局、1994年夏の落合球宴落選は、当時の巨人とヤクルトという強烈なライバル関係の延長線上で起きた騒動だったが、野村と落合はある意味、似た者同士だった。南海でプレーしていた野村が、三冠王を獲ろうがたいして注目されず、圧倒的な人気を誇る巨人やONに対して強烈な劣等感を抱いていたように、同じくパ・リーグ出身で三冠王に3度輝いたロッテ時代の落合も、巨人に対抗意識を燃やしたひとりだったからだ。

「プロの野球チームは、ジャイアンツだけじゃない」と吠え、巨人からロッテにトレードで来た山本功児の麻雀が強いと聞けば、キャンプで卓を囲んで負かして、「巨人のレベルなんて疑わしいもんですね」なんて子どものように笑ってみせる。長嶋茂雄に憧れたオレ流は、一方では心のどこかで野村克也の生き方にもシンパシーを感じていたのではないだろうか。現役引退後、評論家として阪神キャンプ地を訪ねた落合は、監督の野村と膝を突き合わせ、長時間にわたり野球談義を交わしたという。

第4章

ジャイアンツでの初優勝

（1994年）

1994年8月10日。斎藤隆（横浜）のデッドボールに怒り、ヘルメットを叩きつける
KYODO

11
「お前、2度目だろ」デッドボール事件

前半戦を48勝30敗の首位通過。2位ヤクルトに8・5ゲーム差をつけ、折り返した巨人は、後半開幕前夜の7月22日、長嶋監督自ら選手、裏方を含めた全員を呼んで、ポケットマネーで決起集会を開いた。7月24日の中日戦（ナゴヤ）で監督通算500勝を挙げたが、試合後に珍しく記念のウイニングボールを受け取り、じっと見つめるミスタープロ野球の姿。その日、最愛の母の訃報が届くなかで指揮を執り、手にした勝利だと周囲が知るのは、半月後のことである。

だが、直後の甲子園で阪神に3連敗。落合は移動日に敵地のサウナ風呂のような室内練習場にこもって30分以上にわたり打ち込むも、コメントを求める記者に「打ってないよ。体操をしてただけ」ととぼけてみせた。この時点で7月は7勝12敗とシーズン初の月間負け越しが決まり、月末には宿敵ヤクルトが待つ神宮球場での2連戦が待ち受けていた。そんな失速気味のチームを救ったのは、マスコミから限界説を囁かれていた六番打者だった。7月22日に36歳になった、原辰徳である。

「原辰徳、現役引退」の噂

左アキレス腱の部分断裂から、6月14日にようやく一軍復帰するも7月の打率・184と低迷。下半身の不安からか満足にフルスイングすらできず、スタメン落ちが続き、現役引退の噂が絶えなかった。斜陽の背番号8は、7月30日のヤクルト戦もベンチスタートだったが、8回表に代打で登場すると岡林洋一から、チーム初得点となる3号同点アーチを左翼席に叩き込む。この一撃で息を吹き返した巨人は逆転勝ちで連敗ストップだ。

「チームの勝利を求めて、忠誠心を持って毎日ユニフォームを着ている。出番がどんな形でもね」

16歳で甲子園のアイドルとなり、エリート街道を歩んできた原にも意地はあった。このまま終わってたまるか、という意地である。自分のバッティングの原点に戻ろうと、高校時代の左手の使い方を打撃練習で試し、足を保護するため、インソールに衝撃吸収材のソルボセインを使用したハイカット・タイプの最新スパイクを履いた。酒の量も減らし、ストレス解消には真夜中のプロレス中継をビデオに録って翌日楽しむ。度重なる引退報道には、「オレの生き方に干渉しないでくれ。辞めるときはいうからっ」と記者陣に訴えた。元西鉄の豊田泰光は自身の連載「オレが許さん！」で「巨人の四番としての危機感」について、こう書く。

「減俸は必至。いまごろ打ったって、シーズン後には、どうせまたああだ、こうだいわれるに決まってる。そんなことならベンチで遊んでいても一緒だ。フツーならそう考えますよ。それでも原は打った。これは巨人の元四番として一種の〝無償の行為〟です。報われる、報われないに関

係なく打ってみせる。これもまた巨人の四番なんです」（週刊ベースボール1994年8月22日号）

「落合さんより先には辞めないよ」

7月31日ヤクルト戦、「六番三塁」で後半戦2度目の先発出場をすると、9回にダメ押しの2試合連続アーチ。8月2日の広島戦でも、片瀬清利から東京ドームの左翼席へ2回に5号ソロ、4回には6号2ランとなんと31日のヤクルト戦から自身初の3打席連続本塁打を放ち、チームを3連勝に導くのだ。

突然の元四番の大爆発に長嶋監督も「何かつかんだようですね」と喜んだが、この5年前、1989年6月5日発売のNumberでは浪人中のミスターと、四番を張っていた頃の原が対談している。

「僕はサードにあこがれてね、長嶋さんにあこがれて、野球に取り組んだわけです。小さい頃僕は九州にいまして、テレビは巨人戦しかないわけです。『僕は大きくなったら、巨人のサードを守るんだ。巨人の4番を打つんだ』という夢を抱いてやってきて、それが現実になって」（Number221号）

1953年生まれの落合だけじゃない。1958年生まれの原もまた「ナガシマに死にたいくらいに憧れた少年」だったのだ。夢にまで見た巨人四番の座を手に入れたと思ったら、FA移籍してきた落合にあっさり奪われた。優等生発言ばかりでつまらないと揶揄され続けた背番号8が、

「優勝が決まる日に、四番に座っていられたらいい」と間接的にオレ流に宣戦布告だ。「落合が入ることで、いろいろな効果があるでしょうが、原が最も刺激を受けるでしょう」という長嶋監督の狙い通り、温厚な若大将が珍しく、「あの人より先には、辞めないよ」と対抗心を露わにした。

激怒する落合「2度目じゃないか!」

京都で観測史上最高の39・8度を記録するなど、日本列島が記録的な猛暑に見舞われた1994年夏、8月に入っても、落合のバットから快音は聞かれなかった。すると、5日の中日戦（ナゴヤ）で試合前の打撃練習中、長嶋監督が背番号60に直接語りかけ、「オチ、構えたとき、両肩が張りすぎてるよ。上体の力を抜いてスエーしないように。引き付ける感じで」と移籍後初めてアドバイスを送る。10日の横浜戦（東京ドーム）で斎藤隆の投球を左の肩口に受けると、6月24日にも同投手から腹部に死球を当てられているオレ流が、珍しく血相を変えてヘルメットをグラウンドに叩きつけ、鬼の形相でマウンド上に向かって「2度目じゃないか!」と一喝。本人は「演技という面もあった」とのちに自著で明かしたが、ぶつけられた肩は腫れ上がった。チームは同カードで後半戦3度目の3連敗を喫し、気がつけば2位中日と5ゲーム差まで詰められていた。

しかし、こんなときこそ仕事をしてみせるのが、落合の落合たる所以だった。各チームの内角攻めは徹底していたが、14日の阪神戦、両チーム無得点で迎えた4回裏一死、サウスポー仲田幸司の内角速球を左翼席中段まで運ぶ先制の11号ソロアーチ。25試合105打席ぶりの一発にも、

「高さ？　分からん。（球が）見えてないよ。見えてくれれば、もっと飛んでたさ」と相変わらずそっけないコメントを残すが、1対0のスコアでの決勝アーチ通算6本目は、プロ野球新記録とここその勝負強さは健在だった。

チームは再び息を吹き返すも、16日の中日戦で落合は郭源治から手首に死球を当てられ、翌17日はシーズン初の欠場。代役として「四番一塁」を任されたのは、原である。それでも、背番号60は1日休んだだけで18日の同カードにはスタメン復帰。オレ流が愚直にグラウンドに立ち続けた裏には、信子夫人の叱咤激励があった。

「たとえ担架で運ばれたっていいじゃない、ほんとうに頑張ってここまでやって、それで息絶えてだめだとなっても、『落合よくやった』ってなるでしょうという話をしたんですよ。それで、『休んじゃうと、監督もがっくりくるし、いろんな意味でチームのためにならないよ。頼むから出て。打てなければ、フォアボールをねらって一塁に出れば、もうヒット一本と同じ価値なんだから』って」（THIS IS 読売1994年8月号）

そして、落合が四番に戻った夜、松井の14、15号ホームランで快勝した長嶋巨人は、早くも優勝へのマジックナンバー25が点灯。その後、順調に白星を重ね、8月24日の時点でマジック「17」にまで減り、2位阪神とも9ゲーム差に広がった。

24日に東京ドームを訪れた読売新聞社の渡邉恒雄社長は、「MVPは川相（昌弘）だ。コーチは全員留任。優勝して代える必要はないだろう」なんてナベツネ節でご満悦。1989、90年と連続胴上げ投手になっている宮本和知は、「ハッキリいってボクは狙っています。おいしいところをさらって行くのは、得意ですからね」とV宣言だ。もう9月上旬には優勝決定かという雰囲気すら漂ったが、夏休みの終わりに事態は急変する。

余裕が、油断に繋がり、やがて焦りへ。長嶋巨人は、8月25日から19年ぶりの8連敗を喫するのである――。

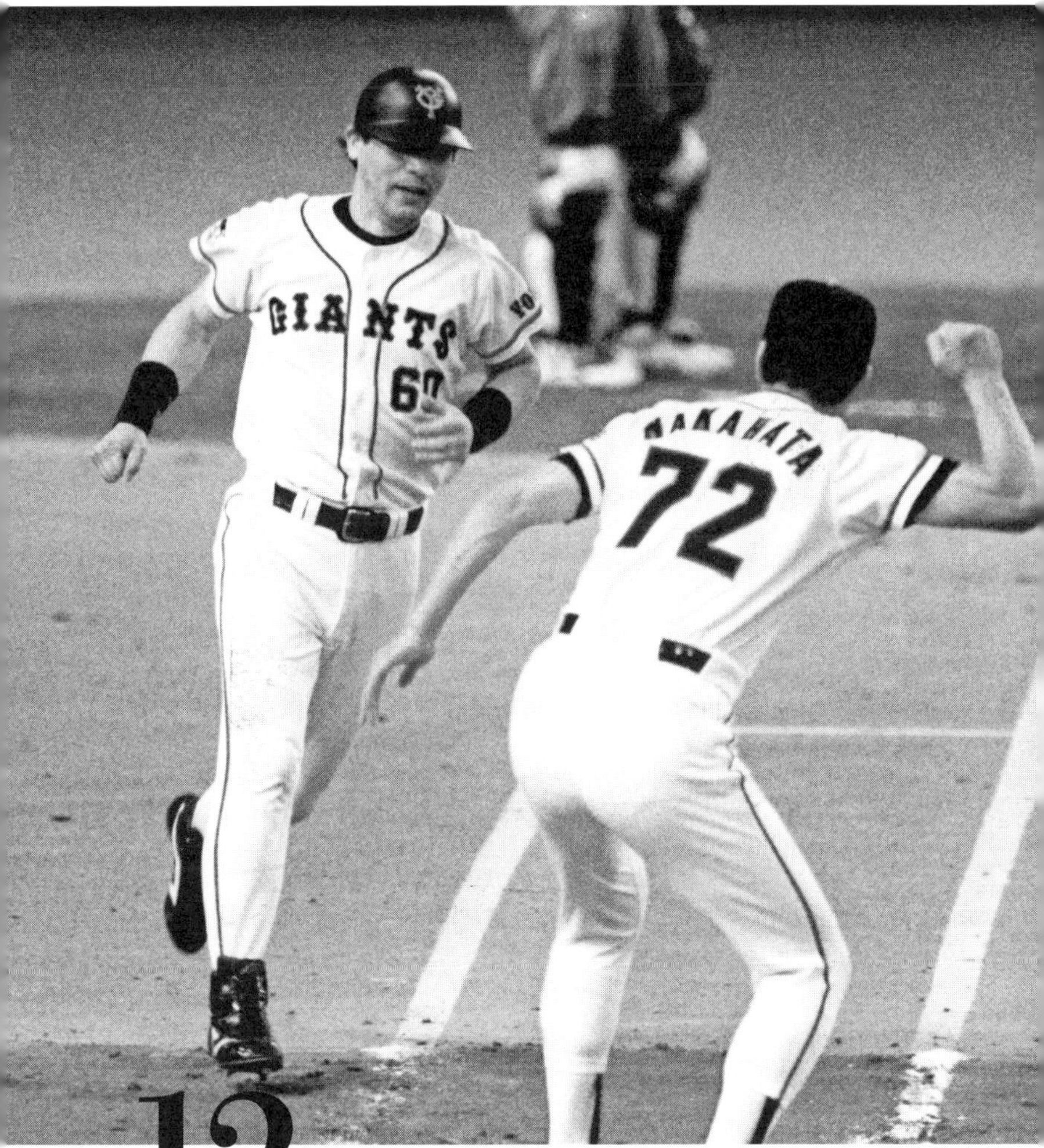

1994年10月のヤクルト戦。ホームランを放ち、小さくガッツポーズを見せた落合
Sankei Shimbun

12
「まず落合を切れ!」
vs. 巨人軍OB

「気力も体力も充実している舞の海を1番（打者）にしたらどうか」（週刊宝石1994年9月22日号）

1994年9月5日、両国国技館での横審稽古総見に出席した渡邉恒雄社長は、そう連敗中の巨人の貧打を嘆いてみせた。開幕から首位を走り、7月には一時2位に9・5ゲーム差をつけ独走状態で、そごうデパートも「ナイターで（優勝）決定なら翌日から。デーゲームなら、その瞬間からバーゲンに入ります」とVバーゲン宣言までするほどだった。しかし、8月25日から8連敗を喫すると、その間に広島が10連勝と猛追。7月7日の時点で首位巨人に15・5ゲーム差も離され、最下位だった赤ヘル軍団は気がつけば2位に急浮上。9月上旬には2・5ゲーム差にまで迫っていた。

まさかの巨人急失速。優勝マジックが消えた翌日の8月31日には、長嶋監督が「君たちはとにかくグラウンドで思い切ってプレーしてくれ！　勝敗の責任は監督であるオレが持つ！」と檄を飛ばすも、負けが込むうちにベンチの雰囲気は暗くなる一方だ。そんな中、ひとり通常運転だったのが、落合である。中日の郭源治から死球を受けた左手首の痛みが長引き打撃の調子を崩していたオレ流だったが、いつもと変わらない泰然自若とした態度で試合に出続けた。

「まず落合を切れ！」ＯＢ猛批判

Ｖ９戦士だったミスターにとって、最近のここぞという時の耐える力がない若い選手たちは頼りなく見えたが、だからといって厳しく怒っては萎縮して持ち味が消えてしまう。そんなとき、百戦錬磨の落合の存在は有り難かった。だが、一方でチームの調子が落ちるとオレ流の振る舞いは、すぐさま獲得時に反対していた巨人ＯＢ陣の批判の対象になってしまう。「週刊宝石」１９９４年９月29日号の青田昇と千葉茂の長老対談では、両者ともに背番号60に対して辛辣なコメントを残している。

〈青田「確かに落合効果というのはあった。でもそれは味方やなしに、敵のほうじゃないか。マスコミのせいよ。中日の落合ならそんなことはしないのに、巨人の落合は怖いぞ怖いぞと煽った。それでビビッて、四球出して後ろにつないでしまう。（中略）でも実際は１４５キロの球を外角低めかインコースに放ったら打てないのよ。偶像が崩れた」

千葉「来年か、いらんのを切ってな。まず落合を切る。ナベツネがどうしても優勝したいから入れたかもしらんけど、10億も払ってな。金にあかしたらチームは育つ努力をしなくなるものなんだ。あとの古手もやめさす。原とかな」〉

その怒りは原辰徳にまで飛び火したが、ようやく８連敗を止めた直後の９月７日の横浜戦、７回に打席に向かおうとした六番打者の原に「代打・長嶋一茂」が告げられる事件があった。若大将の凋落を象徴するシーンに東京ドームがどよめく中、右打席に入った一茂は、初球をひっかけサードゴロに倒れた。

「起用法については、どうのこうの、いいたくないよ。しょうがないだろう。代えられたことは、そりゃあ悔しいといえるけど、それ以上は、ね。まだ試合も残っているんだし、最後まで全力を尽くすよ。（中略）これ以上やってる（しゃべってる）と、変なことをいっちゃうから……」（週刊ベースボール1994年10月3日号）

原は折れかけた自尊心を自ら奮い立たせるように、翌8日のジャイアンツ球場で特打ちに志願参加して30分間、打ち込んだ。後半戦スタート直後、2試合にまたがり自身初の3打席連続アーチを記録したが、9月に入ると当たりが止まり、容赦なく背番号8に代打が告げられ、ときに送りバントを命じられた。

6年ぶりに四番を外された

9月10日、首位攻防の広島戦で、ついに長嶋監督は開幕からこだわり続けた「四番落合」を中日時代の1988年以来6年ぶりに五番に下げて起用したが、代役四番に抜擢されたのは原でも、20歳の松井でもなく、選手会長の吉村禎章だった。ミスターは40歳のオレ流を監督室に呼び、「カンフル剤として今日だけお前が五番を打ってくれ。明日はまた四番に戻すから」と自ら説明する心遣いを見せたが、一方でこの試合の原は「七番三塁」で起用されている。もはや、背番号8の扱いは、力の衰えた一ベテラン選手に対するそれだった。そして、代役四番の吉村も試合前に落合に一言かけている。

「吉村はスターティングメンバーが発表される前にだれかから『今日はお前が四番だ』と知らされて、『えっ、嘘でしょう。勘弁して下さいよ』と言ったらしいよ。で、その後オレのところにきて『すみません』て。『何が？』って聞いたら『今日、ぼくが四番なんです』って言うから、『何が〝すみません〟だ、馬鹿。お前、しっかり打て』と激励したんだけれどね。アイツら、本当に人がいいんだよ。ふつう言わないだろう、自分が四番に座ったからって『すみません』なんて」

（激闘と挑戦／落合博満・鈴木洋史／小学館）

だが、落合を五番に下げた10日は25被安打、19失点の大敗。前夜の10失点に続く投壊で、ついにゲーム差1・5に。怒りのG党の応援メガホンが東京ドームの外野席から投げ込まれたが、翌11日に「三番松井、四番落合」の形に戻すと、槙原寛己の好投で辛勝して再びマジック11が点灯する。長嶋監督はこれ以降、閉幕までその並びを崩すことはなかった。17日の阪神戦で大久保博元が涙の9号サヨナラ弾を放ち、翌18日は原の12号3ランが飛び出すなど劇的勝利もあったが、勢いに乗ることはできず、20日の敵地での広島戦からチームは再び連敗地獄の泥沼に。7まで減っていた優勝マジックも再消滅。1週間で2度の完封負けを喫する貧打は深刻で、指揮官を悩ませた。

「また同じことだが、なぜ打てないんだろう。ベンチのムードは消化ゲームのようなんだ。戦闘集団ではないんだ。西武のように、選手たちが本当の修羅場をくぐり抜けていないので、気持ちの盛り上げ方がわからないのかもしれない。しかし、ここまできてガタガタ言っても仕方がない。みんなの尻を叩いてゴールを目指すのみだ」（わが友 長嶋茂雄／深澤弘／徳間書店）

「中日とやれば負ける」

皮肉なことに、巨人の独走Vかと思われたセ・リーグのペナントレースが最終盤にもつれたことにより、世間のプロ野球に対する注目度は格段に上がっていた。「長嶋巨人に超大物OBが怒り爆発！ 激辛対談 別所毅彦vs張本勲」（週刊ベースボール1994年9月26日号）、「長嶋監督が〝気分はV〟のノーテンキなナインに激怒！」（週刊現代1994年10月1日号）と各メディアは競うように報じ、この年の巨人戦平均視聴率は23・1％を記録。木村拓哉主演のテレビドラマ『ラブジェネレーション』（1997年フジテレビ）では、「今年はジャイアンツが優勝できませんでしたので、後半の景気がかなり落ち込むと思われます」という会話が広告代理店内で交わされるシーンがあるが、90年代の日本において長嶋巨人にはそれだけのネームバリューと影響力があった。

9月下旬、「今年の不思議な現象で、2位チームが大事なときに負けてくれる」と長嶋監督は口にしたが、打撃不振の巨人に付き合うように、広島も正念場で痛恨の4連敗。代わって23日からの広島対中日戦で3連勝した中日が2位に浮上してきて、首位巨人に1ゲーム差と急接近だ。この頃、ナゴヤ球場の球団事務所内の日程表には、10月23日以降に「日本シリーズ」と新たに書き込まれたという。

そして、９月27日から３連敗中の巨人と６連勝中の中日が、ナゴヤ球場２連戦で激突するのだ。渡邉恒雄社長も「貴ノ花の横綱より、巨人の優勝のほうが心配だよ」なんて26日の横綱審議委員会で口にする大一番。まさに雌雄を決する天王山を前に、落合はナインに向かって、こう檄を飛ばした。

「こんなに連敗ばかりしても、まだうちが首位だ。だから焦らずやろう。10ゲーム差をつけようが０・５ゲーム差で逃げきろうが優勝は優勝。最後に頭ひとつ抜け出ていればいいんだから、己の力を信じて戦おう」（野球人／落合博満／ベースボール・マガジン社）

誰の目にも勢いは追い上げる中日にあるのは明らかだったが、初戦の27日は雨天中止。その中止分は翌々日の29日に順延された。日本列島に台風26号が接近しており、東海地区の空模様は荒れていた。

ぶ厚い雲に覆われた曇り空で行われた28日は、エースの今中慎二をリリーフ投入した中日が１対０で逃げ切り、ついに66勝59敗で４連敗の巨人とゲーム差なしの同率首位に並ぶ。まさに長嶋巨人にとっては絶体絶命の状況に追い込まれたわけだ。チーム状況は最悪で、数々の修羅場をくぐり抜けてきた落合ですら、敗北を覚悟したほどだった。

「この時ばかりは『やれば負ける』という感じがしていた。正確に言えば『負ける』のではなく『勝てない』。中日の勢い云々よりも、巨人の選手たちが自信や闘争心を失いかけていたのだ。（中略）27日の第１戦は雨天中止。翌々日の29日に組み込まれた。いつもなら、緊張を一度解いて仕切り直しができるものだが、この時ばかりは決戦までの時間が長くなった分、若い選手たちの緊張感はピークに達していた。雨が台風によるものであり、翌日以降の天気予報も良くなかったので、私にしては珍しく2連戦の中止を願っていた」（プロフェッショナル／落合博満／ベースボール・マガジン社）

日テレアナが絶叫「落合やった！」

その思いは、指揮官の長嶋茂雄も同じだった。今の自軍では中日の勢いを止める術がない。だが、29日のゲームが雨で流れてくれたら、東京に戻り気分転換を図れて、また10月から仕切り直しできると考えたのだ。

「チーム状態がどん底で敗色濃厚の翌二十九日、ナゴヤでの天王山の一戦は台風で中止になった。それは一番の大きな天の恵みだった。私は東の空に向かって『よく雨を降らしてくれました』とかしわ手をうった。やっていたら高い確率で落としていただろう」（野球は人生そのものだ／長嶋茂雄／日本経済新聞出版社）

なんとか中止を願い、それが現実となる。長嶋巨人には、まだツキがあった。のちにミスターは〝神風〟と振り返ったが、雨により九死に一生を得たのだ。そして、中止になった試合は追加日程として、両チームにとってのシーズン最終戦にあたる「10月8日」に組まれたのである——。

ともに残り5試合。恵みの雨により、息を吹き返した巨人は10月1日から逆襲の3連勝を飾る。東京ドームでのシーズン最終戦となる2日のヤクルト戦では、4対4の同点で迎えた8回一死一塁の場面で打席に落合が入る。

この夜、日本テレビ中継の解説席にいた山本浩二は、マウンド上の山田勉の速球に押され気味の背番号60を評して、「今の狙っているんですけどね、ちょっとやはり体のキレっていうのがいつもとは違うわけですよね」と状態の悪さを指摘し、江川卓は「雰囲気はありますよ。ただ、やはり形がかなり崩れてますから。これでホームランないしヒットが出る確率はかなり薄いですよね」と厳しい言葉を並べた。

だが、打席内の落合は冷静にストレートだけに的を絞り、狙い通りカウント1―3から、139キロの外角高めのストレートをとらえ、レフトスタンドへ起死回生の勝ち越し14号2ランを叩き込んだ。実況の吉田塡一郎アナが「落合！　落合やった！　貴重なホームラン。気合いのホームランといったらいいでしょうか。意地の一発といったらいいでしょうか！」と絶叫する中、珍しく一塁ベース付近で右拳を握りしめ、ガッツポーズをしてみせるオレ流。自身に対する無数の批判に対して、またもや言葉ではなく、バット一閃、ひと振りで黙らせてみせた。

「ガッツポーズしない男」のガッツポーズ

13日ぶりの主砲の一発にベンチ前では帽子を取り、「おそれいりました」と頭を下げてみせる笑顔の長嶋監督の姿。ホームラン談話を取ろうとした小俣進広報は「あんなに興奮した落合の笑顔は久しぶりに見たよ。監督と一緒に本当にうれしそうで……。ひょっとしたら、開幕戦以来じゃないかな」と普段はクールな男が無邪気に喜ぶ様子に驚いたという。

試合後のお立ち台でガッツポーズについて聞かれると、「そんなことしてません。ピッチャーに失礼じゃないですか」ととぼけてみせたが、しばらくして一枚の写真を見る機会があった。「そこには、ヤクルトの山田から本塁打して一塁ベースを踏もうとしている私の姿があった。私は、どんな場面で本塁打を放ってもガッツポーズをすることは意識的に控えてきた。打たれた投手に反発心を持たれ、その後の対戦に影響することを避けたいからだ。しかし、この写真の中にいる私は、小さくではあるが右手でギュッと拳を握っていた。そんなことをした記憶は今でもないが、写真からその頃の自分の思いを感じ取ることができた。この時の本塁打は、私にとっても忘れることができないものだ」（野球人／落合博満／ベースボール・マガジン社）

ライバルの中日は高木守道監督の退任騒動の渦中にもかかわらず、勢いは衰えず連勝を9まで伸ばし、4日のヤクルト戦を落とすも、本拠地ナゴヤに戻った6日の阪神戦を山本昌広の熱投で完勝。

対する巨人は10月全勝だったが、同じく6日のヤクルト戦でリリーフ投入した槙原が打たれて逆転負け。神宮の杜で、前年度日本一のヤクルト野村克也監督の意地が未曾有の混セを演出する。時は来た。ついに129試合終了時、69勝60敗、勝率・535で両チームが並ぶのだ。

そして、残すは130試合目の直接対決のみ。戦いは、あの運命の最終決戦――。「国民的行事」へと突入していくのである。

1994年、「10・8決戦」の祝勝会。長嶋茂雄監督の横でホッとした表情の落合
KYODO

13
伝説の10・8決戦「落合が泣いた日」

「十月七日に家を出る時、玄関で女房に『もし負けたら長嶋さん引退するだろうし、俺も辞めるから』と言ったら、怒られてね。『アンタ何言ってんのよ。名古屋に負けに行くの？　何が天下の落合よ』ってね。優勝なんか簡単にできないはずだって、頭に来たらしい。俺は、もうあそこまでいけばバタバタしないだろうと思っていた。でも、長嶋さんがもしユニフォーム脱ぐようなことになったら、俺が着てられるのかって、思った。最悪の事態になったらどう対応しなくちゃいけないか、腹の中で考えていたんだ」（ＶＨＳ「長嶋茂雄 第三巻 背番号33の時代」ＢＯＯＫ「証言・長嶋茂雄」／メディアファクトリー）

落合博満は、その試合に負けるようなことがあれば、現役を引退する覚悟でいた。長嶋監督が「国民的行事」とまで口にした1994年10月8日。ペナントレースの最終戦で勝った方が優勝という、巨人と中日の130試合目の大一番である。前日の７日朝、落合を名古屋に送り出す信子夫人は、いつものようにタクシーの前ではなく、あえて玄関までしか行かず厳しい言葉をかけた。負担になるような過度な期待よりも、最後に突き放した方がいいと思ったからだ。

「これが落合とわたしのゲームよ」

「落合とわたしは、無駄に長年夫婦をやってないわよ。ここでカンフル注射を打たなければならないと感じた時は、すかさず打つわけさ。信頼している女房から、スコンと羊羹みたいに切られると、だれだって悔しいじゃない。特に自分の年俸で生活しているカミさんに『期待していないよ』なんていわれれば、ムカつくじゃない。はっきりいってムカつかせなきゃ、亭主は大した仕事なんてできやしないのよ」（週刊ポスト1994年10月28日号）

普段は40歳でほぼフル出場を続ける四番打者のサポート役に徹し、野菜中心の食事メニューを考え、足の疲れを取る医療器具を寝るときにそっと落合の足に巻いた。しかし、大一番を前に「こうやって谷底に落として時々反応を見てやるの。これが落合とわたしのゲームで、それで反応しなければ、きっと年を感じるだろうね」という信子夫人なりの叱咤激励は確かにオレ流を刺激した。東京から名古屋に向かうために乗り込んだひかり253号の座席で、いつものようにマンガ雑誌を読むわけでも、眠るわけでもなく、ただ目をつむり微動だにしなかった。新横浜駅から乗り込んだ20歳の松井秀喜は、その普段とはまったく違う人を寄せ付けないようなオーラを発する大ベテランの姿に、これから待ち受ける戦いの重さを実感したという。

「まだ、当時の僕はホントに若造でした。覚えているのは僕から見て、落合さんや原さんの方が、もの凄く張り詰めた空気を持っていたことですね。前日に新幹線で名古屋に入ったんですけど、移動のときから、何かね、もの凄くピリピリしたものを持っていた。（中略）試合の重さは十分に分かっていました。緊張もしてたし、張り詰めたものもあったんですけど、やっぱり落合さんとかは、僕なんかの比ではない感じがしましたね」（Number626号）

入団2年目の松井は、名古屋都ホテルにつくと、ほとんどの選手が外出を控える中、その夜もいつも通り食事に出かけた。１９９４年シーズン、三番打者としてすでに19本塁打を放っていたが、年間を通して試合に出続けるのはこの年が初めてで、いわばレギュラー定着1年目という立場だった。一軍選手で最も若く、無我夢中で試合に出続けるうちに１３０試合目の決戦に辿り着いた。だからこそ、自分より20歳も年上の落合のただならぬ様子に驚かされたのである。

長嶋監督、伝説の雄叫び

１３０試合目の中日先発投手は、今中慎二の登板が確実視されていた。このシーズンのナゴヤ球場での対巨人戦は4勝1セーブ、防御率1・85。4年越しで11連勝中という巨人キラーである。前年は沢村賞に輝き、１９９４年も13勝を挙げる球界屈指のサウスポーに対しては、さすがの落合も通算28打数6安打の打率・２１４と苦手としていた。決戦前夜、巨人ナインは今中からヒットを打っている場面だけを編集したビデオに加え、左腕のフォームのクセを解析した映像を食い入るように見た。しかし、落合だけは、その映像にまったく興味を示さなかったという。7日夜、一軍サブマネージャーの所憲佐は、「オチ、明日はどうだろうか」と聞いた。

「すると、ふだんは無口な落合が、このときはこともなげに『オレが打てばいいんでしょう。打ってやるよ。今中を打つ自信はある』と答えた。所が思わず冗談で『お前、今までナゴヤでは今中から1本もホームランを打ってないな』とまぜっ返すほど、落合の態度には揺るぎないものがあった」（激闘と挑戦／落合博満・鈴木洋史／小学館）

翌8日午後3時過ぎ、名古屋都ホテル5階の「サロン・ド・都」で行われたミーティングの最後、長嶋監督の「勝つ！　勝つ！　オレたちが絶対勝つ！」という伝説的なあの雄叫びに背中を押され、巨人ナインはナゴヤ球場入り。1200人警備の超厳戒体制の中、異例の午前11時開門でファンがスタンドになだれ込む。オリックスのイチローも、愛知出身の元野球少年の血が騒ぎ、どうしても生で観戦したいと神戸での練習を終えると名古屋行きの新幹線に飛び乗った。

決戦当日の落合は、試合前練習からひとり異様な雰囲気を醸し出していた。打撃練習では普段のようにミートポイントを意識しながら打つのではなく、鬼気迫る表情のままフルスイングでレフトスタンドへ立て続けに柵越えを放り込んだ。長嶋監督も、そんな背番号60の姿にやはり特別なものを感じていた。

「特に目をひいたのはやはり落合でした。どこからでもかかってこいという感じでね、それは大横綱が優勝決定戦の土俵に上がるような一種独特のオーラを発していた」（10・8 巨人vs.中日 史上最高の決戦／鷲田康／文春文庫）

「あの1本で1億円の価値があった」

落合もなりふり構っていられなかった。少年時代のヒーロー長嶋茂雄を胴上げするためにやってきたはずが、今日の試合に敗れて優勝を逃すようなことがあれば、その長嶋監督が辞任してしまうかもしれない。巨人入団会見で、「監督である長嶋さんのクビを私が切ったら、末代までのいい笑い者になるんで、監督をどうにかして胴上げしたい」と口にすると、味方であるはずの巨人OBたちから「とても4億円の値打ちがあるような選手じゃない」と批判され、名古屋のメディアでは「落合がいないから中日はまとまる」という声すらあった。三冠王を3度獲得という、これほどの実績を残した選手もいなければ、これほど批判された選手も過去にいない。シーズン最終戦、40歳の体はすでに満身創痍だったが、オレ流の反骨心と闘争心は腹の底で燃えたぎっていた。

「何が何でも、絶対に中日にだけは優勝させないと思っていた。マスコミが『落合が出たから中日は優勝するんじゃないか』みたいなことを書いたでしょう。あれには腹が立ったからね。（中略）中日とデッドヒートを演じているころ『中日の快進撃の原因は落合を出したことだ』みたいなことを書かれて、冗談じゃないって思っていたから。無用な喧嘩を売ったら絶対に駄目なんだって」

（激闘と挑戦／落合博満・鈴木洋史／小学館）

エリート街道とは無縁で、25歳でプロ入りした叩き上げの落合もまた〝怒り〟を野球人生のガソリンにした男だった。この試合に己の選手生命とプライドを懸けていたのだ。その覚悟は試合前から、敵だけでなく、味方すらも圧倒した。

　そして、天下分け目の10・8決戦は、背番号60の一発から始まるのである。

「落合さんがあそこでホームランを打つっていうね。誰よりも重いものを背負ってこの試合に臨んだと思うんですけど、あそこで打つのが、やっぱり落合さんだなって」（神様に選ばれた試合　1994年伝説の10・8決戦／テレビ朝日）

　松井秀喜がそう回想し、読売新聞社の渡邉恒雄社長が「あのホームランは1本で1億円の価値があった」と称賛した一発は、史上初の同率首位最終決戦の2回表に飛び出した。3万5000人の超満員の観客と、テレビやラジオを通じて日本国民の約半数が見守る中、先頭打者の落合が、今中慎二の投じた3球目の真ん中インコース寄り高めのストレートを右中間スタンドに運んだ。15号先制ソロアーチだ。自らの打撃成績に「本当はこんな数字じゃ四番は張れないんだけどね」と自嘲気味につぶやく男が、この会心の本塁打にはベンチに戻ると「自分でも最高のホームランだと思うよ」と素直に喜びを表現した。

　落合の一発を含む2点を先制した巨人だったが、その裏に先発・槙原寛己が中日打線につかまり2対2の同点に追いつかれると、早くも二番手の斎藤雅樹にスイッチ。いつものセオリーではなく、とにかく三本柱を全員つぎ込んで勝つという長嶋監督の断固たる意志が見える継投に、またしても四番がバットで応える。

　3回表、ヒットで出塁した川相昌弘を三番松井がバントで送った直後、落合が今度は詰まりながらもしぶとくライト前に運ぶ執念のタイムリーで勝ち越し。塁上からニヤリと笑うオレ流。試合後に今中が「絶対に点を許してはいけない場面だった。2回のホームランより、このヒットのほうが痛かった」と振り返った一打で、ゲームの流れを再び巨人にぐっと引き寄せた。

激痛……まさかのアクシデント

しかし、アクシデントは3回裏に起こる。一塁手・落合が立浪和義の強烈なゴロを処理しようとした際、グラウンドに足をとられて股裂きのような形になり、左太もも内転筋を痛めてしまう。しばらく立ち上がることができず、激痛に顔がゆがむ。長嶋監督も駆けつけ、担架も用意されたが、背番号60は治療のため中畑打撃コーチに背負われて三塁側ベンチ裏に下がった。実は中畑は当初、落合の獲得に強い抵抗を覚えたという。

「私と同じ学年の40歳。なんで今さらあんな年寄りを獲るのか。一緒に労組選手会を立ち上げながら92年に脱退、そんなヤツが、選手会が苦労して勝ち取った権利を真っ先に行使するのも抵抗があった」（我が道／中畑清／スポーツニッポン新聞社）

だが、実際にコーチとして接した落合の野球に対する考え方、取り組む姿勢に感服させられる。キャンプでは疲れを取るため愛用の枕まで持ち込み、バットは1グラムも重さが変わらないようジュラルミンケースに入れて保管する。日常の生活すべてが野球という、あそこまで野球に命を懸けている選手を中畑は見たことがなかったのだ。

「オレは出るから！」と、トレーナー室で痛み止めの注射を打ち、患部をテーピングで何重にも固めた背番号60は8分後にグラウンドに再び現れたが、もはや立っていることも厳しいのは誰の目にも明らかだった。その回が終わると、長嶋監督に自ら「チームに迷惑がかかるんで、代えてもらえますか」と交代を申し出る。4回裏の守備から、一塁には三塁の原辰徳が回り、落合の10・8決戦はここで終わりを告げる。スコアボードから名前が消えて以降は、ベンチ裏で痛めた足をアイシングしながらゲームの行方を見守ったが、確かにオレ流の闘志は巨人ナインに勇気を与えた。

落合は泣いていた

「落合はケガをしてもまた出てきた。この落合を見ていたらファンも文句はいわないでしょう」と翌シーズンからダイエーの監督に就任する王貞治は、40歳の四番打者の気迫を称えた。やれるだけのことはやったという思いを抱きながらも、味方の勝利を願いモニターを見つめる傷だらけの背番号60の姿。

「三回に一・二塁間のゴロを捕りに行って左の内転筋を痛めたんです。優勝戦じゃなかったら、逆シングルでいっていたと思う。変なところで体張っちゃったのね。あの試合、立浪もファーストにヘッドスライディングして、肩を脱臼したでしょう。同率で迎えた最終戦の直接対決なんて、あれが最初で最後だと思うから、『これぞ野球』というゲームをやれた。俺が野球をやった中でも、一番お客さんを喜ばせたゲームだったんじゃないかな」（VHS「長嶋茂雄 第三巻 背番号33の時代」BOO

K「証言・長嶋茂雄」／メディアファクトリー）

試合は5回にも、「一発狙っていけ」とミスターから激励された松井の20号ソロアーチでリードを広げた巨人が槙原、斎藤に続き、7回からは桑田真澄と三本柱を惜しみなく投入。6対3で逃げ切り、長嶋監督は17年ぶりの胴上げで5度宙に舞った。18時に始まり、21時22分に終わった世紀の一戦のテレビ視聴率はプロ野球史上最高の48・8％まで跳ね上がり、瞬間最高67％を記録。まさにミスターの宣言通り「国民的行事」となった。

その主役の長嶋茂雄が胴上げされているのを、落合は移籍前に「背番号6」を巡り確執も報じられた篠塚和典と並んで、歓喜の輪の外から笑顔で見届けていたが、直後にグラウンド上で長嶋監督と固く抱き合うと、真っ赤な目をして涙をぬぐった。憧れの人から「オチ、ありがとう」と感謝を伝えられ、あの個人主義で、孤高の一匹狼といわれたオレ流が、人目もはばからず泣いていたのだ。

「名古屋球場は、普段、勝っても負けてもお客さんが騒ぐのに、優勝決まった時、『いいもの見せてもらった』って、誰も騒がなかった。優勝の瞬間は、覚えていないんだよ。（中略）後ろで治療して、九回にユニフォーム着直して出て行った。ダッグアウトで篠塚らが握手にきて、ゆっくりグラウンドに出て行ったから、長嶋さんとベンチでは、顔を合わせなかったんです。でも、泣くつもりは全然なかった。優勝できて良かったというより、責任を果たしたな、ってホッとしたんだ。気が緩んだんだろうね」（VHS「長嶋茂雄 第三巻 背番号33の時代」BOOK「証言・長嶋茂雄」／メディアファクトリー）

中日のキャッチャー中村は、前年までの同僚で自分が知るマイペースでいつも冷静なポーカーフェイスのオレ流ではなく、大一番に臨む、人間・落合がむき出しになったかのような雰囲気に戸惑い、圧倒されてしまったという。

「絶対に負けられない、という気持ちを中日の選手がどれだけ持っていたのか……。その違いがあの試合で巨人の選手と僕たちの一番大きな部分ではなかったかと思います。（中略）グラウンドに立った瞬間に、巨人の選手、特に落合さんが見せていた悲壮感というか、思い詰めたようなムードに圧倒されてしまった。その違いが結果に出たというのはあったと思います」（10・8巨人vs.中日史上最高の決戦／鷲田康／文春文庫）

1994年10月8日。その夜はプロ入り以来ずっと反体制のアンチヒーローだったオレ流が、スーパースター長嶋茂雄を救う正統派のヒーローになった瞬間でもあった。「週刊ベースボール」1994年10月24日号では、祝勝会で鏡割り用の酒樽に手を突っ込み満面の笑みでナインに酒をかけまくる背番号60の姿を「好漢・落合茂雄」と巻頭グラビアで掲載している。「最も大事な試合の、最も大事な第1打席で、今シーズン最高のスイングを見せた」。現役時代に〝燃える男〟と呼ばれ、大一番で誰よりも頼りになった長嶋茂雄が、平成の落合に乗り移ったというわけだ。

1年目の落合は「期待外れ」だったのか？

巨人1年目の落合の打撃成績は129試合、打率・280、15本塁打、68打点、OPS・81

5。三冠王には程遠く、あらゆる部門でロッテ時代のレギュラー定着後、最低の数字が並ぶ。球界最高年俸プレーヤーとしては、期待外れだったのも事実だ。だが、130試合目の頂上決戦で堂々と四番を張り、先制ホームランと勝ち越しタイムリーを放ち、チームを優勝に導いたという結果の前には、打撃三部門の数字はほとんど意味を持たなかった。

皮肉にも、これまで圧倒的な数字を残すことで成り上がってきた男が、この年は初めて個人成績を超えたところで評価されたのである。そして、それは同時に落合が逆風の中で、「長嶋監督を胴上げする」という野球人生を懸けた一世一代の大勝負に勝利したことを意味していた。批判の中で落合をサポートし続けた信子夫人は、10・8決戦の直後、こんなコメントを残している。

「そりゃ騒ぐのはわかるよ。『監督を男にします』なんて大きなことをいって入団した落合を、なんとか揚げ足を取ってやろうというのだろうけど、入団発表で『やってみないとわかりません』なんていうような助っ人なら、不要なんだよね。それをやる前から、OBが『年だからダメ』なんていうんだからね。年でダメなのはあんたたちでしょ」（週刊ポスト1994年10月28日号）

落合の巨人入団以来、隙あらばしつこく批判し続けた長老OBたちに対する、信子夫人の痛快なカウンターパンチである。

「わたしは誰かが何かしたいといった時は、絶対に芽を摘まないし、足も引っ張らないよ。自分の知恵を貸すよ。バッシングよりも拍手喝采、持っている知恵を貸せ。知恵も貸さずに悪口いうんじゃないっていうの。それでこそOBじゃない。かりにも自分たちが野球に携わっている人間なら、落合頑張れ、長嶋頑張れ……と拍手してやってよ。それでダメになったら一緒にショボく

れたらいいのよ」（同前）

優勝決定直後の記者会見で、長嶋監督は「落合によって、ウチの主戦力である投手陣が支えられた」と最後まで〝落合効果〟を口にした。その夜、落合は原辰徳と祝杯をあげ、顔を見合わせてこう笑い合ったという。

「これで負けていたら、オフの間、俺たちは家から一歩も出られそうになかったな」

中畑におぶわれ、篠塚と胴上げを見届け、原と乾杯した。しかし、たとえ大団円の映画のようなハッピーエンドを迎えたとしても、プロ野球はここで終わりではなく、ドラマは続いていく。

ある意味、落合博満は10・8決戦の勝利で巨人に受け入れられた。だが、その後もオレ流は、決して巨人と同化するようなことはなかった――。

第5章　2年目

（1995年）

1994年12月、現状維持の1億1500万円で契約更改した原辰徳(36歳)。記者会見で巨人ナインの不満を代弁する
KYODO

14
原辰徳vs.落合博満、再び

「日本シリーズは、最初から無理だろうと思っていた。でも長嶋さんから、『守れなくてもバットを振ればゲームになる』って言われてびっくりした。内転筋と腹直筋、あともう一本切って、足引きずりながらやっと歩いてるのに。あの発想には、さすがに恐れ入りました。でも、自分の身体は自分が一番よくわかるからね。無理だろうなって思っていた。俺の中では、十月八日でシーズンは終わったんだ」（ＶＨＳ「長嶋茂雄 第三巻 背番号33の時代」ＢＯＯＫ「証言・長嶋茂雄」／メディアファクトリー）

落合が中日との同率優勝決定戦〝10・8決戦〟で、一塁守備時に痛めた左太ももも内転筋はやはり重傷だった。先制アーチと勝ち越しタイムリーを放ち、中日のキャプテン仁村徹をして「なんだかんだいっても、オレたちは〝落合〟という存在に負けたんだ」と言わしめた大活躍の代償はあまりに大きかった。だが、一方で10月22日から始まる西武との日本シリーズに向けて、患部に注射を打ち、軽い打撃練習を試すなど、最後まで出場に闘志を燃やしたのも事実である。

「シリーズが始まる一週間くらい前、深夜に２人でビデオを借りに出掛けたんですよ。その道すがら、歩くのも痛そうだった主人が夜道のど真ん中で、また上げ運動を始めたんですよ。しかも何度も。思わず〝やめな!〟って止めたんですが、その時、改めて〝この人は足がちぎれても出る気なんだ。もう一度長嶋監督を胴上げしようと考えているんだ〟と思ったんです」（NIKKAN SPORTS GRAPH増刊号 激勝!!長嶋巨人／日刊スポーツ出版社）

普段は亭主が死球を当てられても「アンタ、休むつもり?」と尻を叩き続けた信子夫人が、今度ばかりはさすがに止める深刻な状態だったが、10月25日の日本シリーズ第3戦に落合は「四番DH」で強行出場する。1勝1敗で迎えた、シリーズ30年ぶりのナイター開催となった気温14度と冷え込む西武球場で、背番号60の打撃練習中に満員のレフトスタンドからは異例の「オチアイ」コールが送られた。

テレビ視聴率40%の大台を突破した日本中が注目する第1打席、二死二塁の場面で西武先発・小野和義に厳しく内角を攻められながらも、カウント1—3からのカーブをしぶとく二塁内野安打。二塁手・辻発彦の三塁への悪送球もあり、川相昌弘が先制のホームイン。歯を食いしばりながら苦悶の表情で一塁へ走った背番号60は、その激走と引き換えに左足内転筋痛を悪化させ、加えて左腹直筋肉離れまで引き起こしてしまう。

「あの渡邉社長が泣いたんだよ」

その試合こそ4打席に立ったが、以降はもはや代打出場すら不可能となり、翌日からはベンチ入りせず、宿舎のテレビで戦いの行方を見守るしかなかった。結局、落合の日本シリーズは第3

戦の3打数1安打1四球のみで終わるが、チームが王手をかけて臨んだ第6戦の8回裏、ユニフォームに着替えて東京ドームの一塁側ベンチに入り、歓喜の瞬間に備えた。森祇晶監督の辞任報道にも揺れた西武は攻守に精彩を欠き、「うちが四勝二敗で勝つ。第六戦が山になります。僕はこの第六戦のチケットをいつもの三倍用意しました」（野球は人生そのものだ／長嶋茂雄／日本経済新聞出版）という長嶋監督の戦前の予言通り、10月29日の第6戦に勝った巨人が5年ぶりの日本一に輝いたのだ。

日本一決定の翌30日、大手町の読売新聞本社での優勝報告では、長嶋監督からチャンピオン・フラッグを手渡された渡邉恒雄社長が感極まって涙を流した。さらに11月2日に東京プリンスホテルで開催された、読売新聞創刊120周年・巨人軍創立60周年記念パーティーでも挨拶中に目を赤く腫らし、「ナベツネ男泣き！」とニュースになる。ほとんどのOBが落合加入に強く反対する中、獲得に動く長嶋監督を後押ししたのが、渡邉社長だった。そして、落合自身はその光景を目の当たりにして、オレたちは間違っていなかった、と安堵する。

「あの涙を見て、ああ、オレはこれで報われたと思ったよね。あの社長が泣いたんだよ、みんなの前で。あの涙だけで、オレらがやってきたことは間違いなかったんだ、オレを獲ったことは間違いではなかったんだと思えたんだから。自分の数字はどうあれ、前の年に3位だったのが優勝したんだから。だれが何と言おうと、この事実は変わらない。3人が大博打を打ち、それに勝ったんですよ」（激闘と挑戦／落合博満・鈴木洋史／小学館）

長嶋巨人初の日本一を祝う1994年10月30日の銀座パレードには、17万人を超えるファンが集結した。この年限りで現役を引退する篠塚和典とオープンカーに乗り、沿道の声援に応えた落合は、翌95年から篠塚の「背番号6」を譲り受けることになる。

移籍前は衝突も危惧されたオレ流と巨人ベテラン陣の邂逅。なお、日本シリーズ中、指名打者制のない本拠地・東京ドームで「四番一塁」に入った原辰徳は、負傷した落合のファーストミットを借りて守備に就いた。

一匹狼と言われた男が、巨人ナインから受け入れられつつあったが、その姿を苦々しい思いで見る人間もいた。

長嶋茂雄監督である。オフに北陸の温泉で行った講演では、1994年前半戦の「落合効果」を認めた上で、こうも口にしたという。

「落合も人の子、知らず知らずのうちにウチの（おとなしい）チームの色に染まっていくのを見て歯がゆい感じがした」（週刊ベースボール1995年1月2・9日号）

オレ流は、このまま巨人に馴染んでしまうのか？　左足内転筋と左腹直筋の損傷は重傷で、12月9日に41歳の誕生日を迎えた四番打者の再起を危ぶむ声すらあった。落合頼みの打線から脱却しようと、球団は日本一になったにもかかわらず、長期ストライキ中のメジャーリーグから、ツインズの四番を打っていた大物シェーン・マックを年俸3億8000万円で獲得。ライバルの野村ヤクルトからはFAで広沢克己、さらには92年MVPのジャック・ハウエルも引き抜いた。皮肉なことに、落合獲得が日本一という最高の結果をもたらしたことにより、90年代中盤以降の巨人はさらなる大型補強路線へと邁進していくことになる。

原辰徳の不満「どうかと思う」

落合は前年オフの移籍時に2年契約を結んでいるため、球界最高の年俸4億5000万円は変わらなかったが、打率・280、15本塁打、68打点という巨人1年目の打撃成績は三冠王を3度獲得してきたバットマンにとっては屈辱的ですらあった。オフはプールでの歩行訓練や軽いウエート・トレーニングに励み、豪州V旅行も辞退して翌シーズンに備えた。

しかし、この図抜けた高年俸が意外な形で物議を醸すことになる。

12月1日からスタートした巨人主力選手の契約更改で保留者が続出。日本一のご祝儀査定はほとんどなく、ナインの不満を代弁する形で12月19日に交渉に臨んだ原が、記者会見でこう言い切った。

「僕自身は現状維持（1億1500万円）で仕方ないけど、パッと（FAで）来た人が、自分の何倍ももらうというのはどうかと思う。それに、こういう使い方をされて、チームに対する忠誠心をいわれても、優勝しようという気にならないよ」（週刊現代1995年1月14・21日号）

この約2週間前、原は同僚の緒方耕一の結婚式で、長嶋監督が「緒方君は一番で、来年の四番は落合、広沢、新外国人に争ってもらう」とお祝いの言葉を送ると、直後に挨拶に立ち、「ボクは来季、いらないといわれているようだから」と口にしていた。1994年はアキレス腱の故障で出遅れたものの、67試合で打率・290、14本塁打、36打点と落合とほぼ同数の本塁打を放ったにもかかわらず、背番号8は構想外のような扱いを受けたのだ。

この頃から、マスコミに〝優等生〟や〝お嬢さん野球〟と揶揄され、元同僚からも「グラウンド上でお人好しすぎる」と常に甘さを指摘され続けた原が、どこか吹っ切れたような感情をむき出しにしたコメントを口にするようになる。

「一茂を代打に出されたときはどうだったかって？　そりゃ悔しかったよ！　『なにィ!?』『ふざけんな』って感じだったね。そういう気持ちを持ってないと、野球選手なんてやってられないんだよ」（週刊現代1995年2月18日号）

9月7日の横浜戦で、自身に「代打長嶋一茂」を送られたときの気持ちを赤裸々に語り、自軍に優勝をもたらした「落合効果」を聞かれると、その存在感を認めつつも、元四番の意地も垣間見せる。

「落合さんが巨人に入ってきて、チームの雰囲気がガラリと変わったなんてことはなかった。落合さんなりに気を使っていたし、オレたちも落合さんを立ててたしね。それで落合さんが横柄になるでもなく、うまくコミュニケーションをとれたと思うよ。確かに選手会を離脱したままFAしたことにいろいろいう人は何人もいたけどね」（同前）

年が明けた1995年1月6日、原は自宅からアキレス腱の保護と強化のためにマウンテンバイクをこいで、プロ入り時の原点とも言える多摩川グラウンドで自主トレをスタート。「常時出場すれば30ホーマーの自信はある。二塁だって守るつもりはあるんだ」と新シーズンの決意を語る36歳の若大将はもう後がなかった。

落合「はっきり言って原辰徳」

そして、落合は正月を過ごした和歌山・太地町の「落合博満野球記念館」で、起伏の激しい記念館の周囲をひたすら歩き、痛めた下半身をウォーキングで元の状態に戻していった。

1月11日にはジャイアンツ球場に姿を現すと、78日ぶりのランニングで70メートルほどの距離を5回走ってみせた。さらには古巣・東芝に招かれ、労働組合本社支部主催の新春セミナーでの発言が週刊誌を賑わす。

「広島では正田や高橋慶らが必ず球場入りする前に汚ない室内練習場で汗を流す伝統を作ってきた。それを引き継いでいるのが、今の前田であり江藤であり金本。巨人にも長嶋さんや王さんのころはそういう伝統があったはず。しかし、それをやらなかったのが原辰徳なんです」（週刊宝石1995年2月16日号）

聴衆に向かって、「はっきり言って原辰徳。これがしっかりしていたら、オレ、巨人に行く必要なかったもん。みなさんもそう思いませんか？」と話を振ると、会場では拍手が起こったという。両者は十数年後にお互い監督として激しくやり合うが、その争いの萌芽はすでにあったのだ。リップサービスは続き、話題は未来のチーム編成にも及んだ。

「巨人は、なんとしても清原（和博）を獲らなければだめ。桑田、槙原、斎藤もピークを過ぎたが、清原を獲ればあと5年は優勝争いができる。これが大森や吉岡を一軍で使うようでは、間違いな

く5位か6位でしょうね」（同前）

移籍1年目は周囲に気を遣ったおとなしい言動が多かった落合だったが、久々のオレ流節の復活だ。まるで長嶋監督の「落合には毒があります。去年あたり、その毒性がウチに来て、すっかり薄くなったんで、ここらあたりでもう一度……なんですね。孤独の中で養われた〝何か〟を、みんなに示してくれることを願っているんです」（週刊ベースボール1995年4月10日号）という言葉に呼応するように、生え抜き選手たちの仲良しグループに入っていくのではなく、あえて距離を取ることで緊張感を保っているようにも見えた。

巨人ファン投票「ダントツ1位は原だった」

自主トレ期間中は、神谷理学療法士の作ったリハビリメニューを淡々とこなし、これまでほとんど興味を示さなかったウエート器具で下半身の強化に励んだ。結果的に、この例年より早い始動と徹底的なトレーニングが、41歳落合の近年失われつつあった打席での粘り腰を取り戻すきっかけになっていくわけだが、それが証明されるのはもう少しあとのことである。

「年？　関係ないね。オレは15歳から20歳まで、野球を（満足に）やってなかったからね。だから、5歳は若いと思ってるんだ」（週刊読売1995年1月1日号）なんてうそぶく一方で、文化放送で徳光和夫アナウンサー相手に「自分は必ずしも四番にはこだわっていないけれど、ただ、広沢や新外国人にはそう簡単には渡しませんよ。広沢は確かにヤクルトの四番には座っていたけれど、威圧感という面ではまだ全日本の四番にはなっていない」とライバルたちを牽制する。

2月1日の宮崎キャンプインを無事迎えると、ランニングやフリーバッティングの投手役を務めるなど独自のメニューでマイペース調整を続け、2月20日の長嶋監督の59歳の誕生日にエア・テント内でバッティングを開始した。3月2日に一軍本隊がキャンプを打ち上げ本格的にオープン戦が始まっても、落合は二軍とともに宮崎残留。3月21日の東京ドームで行われるダイエー戦のチーム合流を条件に、異例の〝ひとり50日間キャンプ〟を敢行した。

樋沢良信二軍内野守備コーチ、斎藤トレーナーらとともに落合が信頼する打撃投手の岡部憲章も付き合い、宮崎で背番号6相手にひたすら投げ続けた。実は岡部は阪神を自由契約となった1989年オフ、「ウチへ来ないか？　ただし選手としてじゃないんだけれど」と巨人の現役選手から声をかけられ、打撃投手に転身していた。その選手とは、東海大相模高の同級生・原辰徳である。

複雑に絡み合う男たちの野球人生――。前年に日本一という結果を出した移籍2シーズン目、遠慮なく我が道を行くオレ流落合。プロ3年目を迎えるゴジラ松井、そしてマック、広沢、ハウエルら補強組の四番争いでマスコミは盛り上がったが、ファンの反応は意外なものだった。

プロレスラーの高田延彦がキャスターを務めるフジテレビ『スポーツWAVE』の中で、「今夜決定‼『'95こいつが栄光の巨人軍4番打者だ‼』」という視聴者参加のテレゴング（電話アンケート）が行われたのだ。

この企画において、8万1580票を集め、「2位落合4万3089票、3位松井3万2859票、4位広沢1万9692票、5位マック1万9165票、6位ハウエル8524票」と2位以下に大差をつけて、ぶっちぎりのトップに輝いたのが原だった。

当時、ジャイアンツファンですら、長嶋巨人の過剰な大型補強路線に明らかに戸惑っていた。同時にあまりに猛スピードで変化するチームへの反発で、80年代の巨人の顔でもあった原にある種の郷愁と共感を覚えていた。まるでリストラ寸前のベテラン社員のような悲壮感を背番号8に見たのである。

故障明けでひとり独自の調整を続け、「落合は今季、何試合出場できるか?」と囁かれた逆風のオレ流と、世論を味方につけた逆襲の若大将の一塁ポジション争い。95年の開幕前は確かにそういう雰囲気だった。

だが、いざペナントレースの蓋を開けてみたら、両者の野球人生は残酷なコントラストを描くことになる――。落合は首位打者争いを繰り広げ、原は現役最後の1年になるのである。

1995年4月、落合(41歳)の2000本安打達成会見。名球会入り〝拒否〟を表明した
Baseball Magazine

15
まさかの名球会拒否騒動

「怪我が幸いしたよね、じっくり治療に専念できたから。例年のように年明け1月、2月になってから野球を始めたのであれば、開幕に間に合っていないと思う。それに、これから先も長く野球を続けていこうと思ったら、ゆっくり休んでぼちぼち始めるのではなく、週に2〜3日でもいいから練習を続け、新しいシーズンに備えるのがいいのかもしれない」（激闘と挑戦／落合博満・鈴木洋史／小学館）

1995年春、落合博満は巨人一軍がキャンプを打ち上げたあとの3月も宮崎にひとり居残り、独自調整を続けた。その打撃練習の様子を視察した、前年までの阪神のチーフ兼打撃コーチで解説者の石井晶氏は、背番号6の技術の高さに驚いたという。

「カーブ・マシンばかり170球くらい打つのを見とったんやが、一球一球きっちり考えながら打っとる。まったく軸がブレへんし、今年も要注意や。広沢とかマックと比べても一番イヤラしいし、開幕には当然、四番に入ってくるやろうな」（週刊ベースボール1995年3月13日号）

なにかと周囲に気を遣っているように見えた移籍初年度とは違い、巨人2年目は個人メニューでの練習を消化するため、ベテラン組ともほとんど顔を合わせないマイペースぶりだった。これまで多くの移籍選手が、「伝統の巨人軍」と同化しようと苦しんだが、この男には関係なかった。契約を交わしている以上は巨人のために戦うが、決して巨人に媚びることはない。中日時代、星野仙一監督に、チームで落合だけが年賀状を出さなかったという。それがオレ流の生き方だった。

巨人OB「もはや、落合に居場所はない」

そんな主砲の様子に長嶋監督は、左足首ねんざでスロー調整中の20歳の松井秀喜と比べて、「テントのおじさん（落合）のほうが元気ですよ」と笑ってみせたが、同時に総額33億円を費やした大型補強にも手応えを感じていた。

渡邉恒雄社長の「カネに糸目はつけないから、大物選手を取れ」という大号令のもと、四番コレクションとマスコミに揶揄されながらも、オフにシェーン・マックや広沢克己を獲得。指揮官は「去年は落合コケたら、みなコケてしまったからね」と、オレ流依存からの脱却を掲げた。キャンプ中、「戦略という意味では『どうやっても優勝できる』というだけのことはやった。あとは、実際にやるだけです」（週刊現代１９９５年2月25日号）なんて、長嶋監督は勝利宣言とも受け取れる絶対的な自信を口にするほどだった。

その一方で、年齢的に落合の故障からの完全復活には懐疑的な声も多く、巨人ＯＢの青田昇は、「落合の痛めた内転筋は一発でダメになる部分。私も内転筋をやってダメになった」と自身の現役時代の経験を引き合いに出して、完治は困難と断言。同じく球団ＯＢの元沢村賞投手・小林繁は、大型補強の理由を「今年は、落合が必ずしも『不動の4番』でない可能性を示唆している」と、自身の連載「小林繁の［野球は心理学］」の中で背番号6の追い込まれた立場を強調する。「落合は6番や7番に適したバッターではないのだ。脚力の面でもそうだし、落合に送りバントをさせるわけにもいかないだろうから（打順によってバッターの役割や適性は違うのだ）。したがって、極めてシビアな見方をすれば、4番の座を外れた落合には、『もはや居場所がない』と言っても過言ではないと思う。あえて言えば、『4億円の代打』しか。これは、落合の選手生命の終焉を意味すると言っていいだろう」（週刊宝石1995年3月2日号）

新任の武上四郎打撃コーチも、就任早々「キャンプで落合を見て、もし『無理だ』と思えばはっきり監督にそう進言しますよ」と、まるで元三冠王に引導を渡すのが自分の仕事だと言わんばかりに週刊誌でアピールする。

「体力も、筋力も落ちているでしょうし、本人も自覚しているでしょう。（中略）今年は、1年間4番を通すことは苦しいでしょう。去年は、長嶋監督も代えたい気持ちはあったが、それに代わる打者がいなかったということでしょう。しかし、今年は誰が4番を打ってもいいですから」（週刊現代1995年2月4日号）

数カ月前の10・8決戦でヒーローとなり、四番打者としてファンに優勝の立て役者と絶賛されながら、それでもなおOBやコーチからは、まるでチームの世代交代の足枷のような言われ方をしてしまう。これがジャイアンツの外様選手の現実だ。ならば、オレはオレの好きなようにやらせてもらうさ――。50日間にも及ぶ、一軍本隊から離れての孤独な調整は、落合のそんな意思表示のようにも見えた。

開幕直前に「すぐ引退と書かれるからな」

宮崎での〝ひとりキャンプ〟を終え、ようやくオープン戦に出場したのが開幕を目前に控えた3月21日のダイエー戦。背番号6は「四番一塁」で東京ドームに登場すると、いきなり第1打席で工藤公康からセンター前ヒットを放ち、4打数2安打と結果を出してみせた。しかも、この試合で代名詞の胸の正面にバットのグリップを掲げる神主打法から、剣道の中段のような構えでバットを下げてスタンスを狭く取る新打法を試している。

「週刊ベースボール」1995年4月10日号では、落合自身が打撃改造の意図を「もともとバランスで打っていた選手が、ここ何年か崩されっぱなしだったから」と説明。直後に元のフォームに戻すが、「数字を残さないと、すぐ引退と書かれるからな」なんて不敵に言い放つ41歳の四番打者に対して、長嶋監督は「久しぶりに出て来て2本ですか。あれがプロなんですね。こういう生き様を、みんなわかってくれるのかな?」と変わらぬ信頼を口にした。

4月7日の開幕戦、東京ドームは約2週間前に起きた地下鉄サリン事件の余波で、爆発物処理班など約700名の警察官が配置される厳戒態勢下での試合開催となった。因縁の野村ヤクルトを本拠地に迎え、空前の33億円補強を敢行した巨人の開幕スタメン野手に生え抜きは、岡崎郁、川相昌弘、松井秀喜の3名のみ。注目の四番には、新戦力組のマックや広沢らではなく、通算20

00安打にあと8本と迫る落合が座った。

だが、優勝候補の大本命・長嶋巨人は開幕からつまずく。3連戦の初戦こそエース斎藤雅樹の開幕2年連続完封勝利で先勝するも、2戦目は完封ペースで飛ばしていた桑田真澄が、9回表の先頭打者・飯田哲也に頭部死球を与え危険球退場。急きょマウンドへ送られたリリーフ陣が5失点と踏ん張り切れず、野村克也監督は「ルールがヒーローや」と試合後に笑い、のちに落合も「ヤクルト独走のきっかけの試合」と振り返る痛恨の逆転負けとなった。早くもハウエルが左足カカトを打撲して、代わりに原が「七番三塁」でスタメン出場も機能せず。負の連鎖は続き、3戦目は最終回にマックの痛恨の送りバント失敗もあり、開幕カード負け越し。自慢の〝5点打線〟も看板倒れに終わり、スタートダッシュに失敗した巨人は、4月15日の阪神戦で4連敗を喫すると、1037日ぶりの最下位に転落してしまう。

その渦中にあの事件が起きるのだ。「落合博満、名球会入会拒否騒動」である。

まさかの名球会拒否騒動

4月15日の東京ドーム、6回裏の先頭打者として右打席に入った落合は、阪神の久保康生から左中間へ第2号本塁打を放ち、41歳4カ月で史上最年長（当時）の通算2000安打を達成する。500本、1000本、1500本と節目の一打をすべて本塁打で記録してきた落合がまたしても祝砲で記録達成に華を添えた。なぜそんな離れ業が可能なのか、自著の中でその理由を「私のバッティングは、すべて本塁打を狙っていたからである」と明かしている。

「私がすべて本塁打を狙っているというのは、スラッガーを務める人間の使命のようなものだ。私は、多くの対戦、その一度一度の勝ち負けから投手との戦い方を熟知している。（中略）どんなボールでも確実に打ち返せるよう精度を高め、少しでも捕えやすいボールを投げさせるための構え、呼吸、間のとり方などを探求してきた。その結果、本塁打にできるスイングのバリエーションを多く持つことができたから、すべての打席で本塁打を狙い、本塁打の打ち損ね、つまり自分の形で打てなかった打球がヒットになるというバッティングをするのである」（野球人／落合博満／ベースボール・マガジン社）

前夜はチャンスで2度凡退するなどノーヒットに終わり、2000安打を打ってくると約束した愛息には帰宅後、「パパのウソつき！」と泣かれてしまった。王手をかけてから7打席目の一撃に、ベンチでナインに祝福の握手を求められ、長嶋監督からも声をかけられると安堵の笑みを浮かべてみせる落合だった。その一方で「任意の団体だから入る自由もあれば、辞退をする自由もある」と野手なら2000安打が会員条件の名球会への入会を拒否したことで、俄然騒がしくなる。


長嶋監督は、「本人の意思次第だし、何か考えがあってのことでしょうからねぇ」と決断を容認したが、なにしろ入会辞退は初めてのケースで、翌日には、ヤクルトの野村克也監督からの批判のコメントもスポーツ各紙で取り上げられた。

「（名球会辞退は）協調性がないというのか、何かにつけ悪い前例を残すよ。理由は分からないが一つの決まり事なんだから、それに人格も問われる。だれのおかげで稼がせてもらってるのか分かっていない。野球の創始者、ファン、そして諸先輩たちのおかげだろう。名球会は恩返ししようという団体。今度は（落合が）恩返しする立場じゃないのか」（日刊スポーツ1995年4月16日付）

「落合はわがままだ」

なお、この平成7年の世の中は1月の阪神・淡路大震災と、3月の地下鉄サリン事件で騒然としており、「ベースボールマガジン1995年プロ野球決算号」の「スポーツ新聞一面徹底分析」によると、スポーツニッポンは4月11日から5月9日まで28日連続オウム関連の一面で、東京中日スポーツの5月のプロ野球一面回数はゼロだった。さらに6月以降は、近鉄からメジャーリーグのドジャースへ移籍した野茂英雄のトルネード旋風が一面を度々独占。主要6紙のスポーツ新聞で、メジャーリーグ関連の一面は前年わずか3回だったのが、1995年は野茂効果で一気に178回へと激増している。平成のプロ野球を取り巻く環境も大きく変化しつつあった時期に、落合は昭和球界の象徴ともいえる「名球会」と向き合うことになる。

しかし、当初は一匹狼特有のワガママと見る向きも多く、活字メディアでも「名球会から嫌われた『落合』の不徳」（週刊文春1995年4月27日号）、「落合博満夫妻が『名球会入り』を拒否した過激な理由」（週刊ポスト1995年4月28日号）といった特集が掲載された。会の創設者でもある金田正一は「誰も入ってくれといっとらん任意団体に対して、辞退だの拒否だのと、どうしていえるのよ」と呆れ気味に確執を否定。他にも名球会会員たちの「まァ、落合だけは別ってことなんでしょう」「彼はフツーの選手とはかなり変わってるよね」なんて皮肉交じりの言葉と、信子夫人の「今は巨人の4番を打つことで必死ですから、名球会なんていわれても、考えているヒマなんてないんですよ」という両サイドのコメントが確認できるが、加えて落合記念館を巡る両者のすれ違いもあった。

名球会会員でロッテ時代の恩師・稲尾和久氏が和歌山県・太地町の記念館を訪ね、信子夫人に「ここで名球会野球教室もできるし、展示物も助けてあげられる」と口にしたことで、名球会で記念館を乗っ取ろうとしていると不信感を抱いたという。確かに稲尾のことは慕っていたが、これまでFA宣言や記念館設立で、ことあるごとにマスコミを通して自分たちに批判的な意見ばかりしていた他のOBたちを信頼しろといっても無理な話だった。そんな中、落合本人は入会固辞の理由をこう語っている。

「理由はいろいろあるけれど、ひとつは2000本という数字の区切りにそんなにこだわりがないということだよ。2000本を達成したのがオレが初めてだとか、2000本を機に野球をやめるとかいうのであれば、名球会にしがみついたと思う。でも、オレはまだまだ野球を続けるんだからね。だとしたら、オレにとって2000本はひとつの通過点にすぎないんだよ」（週刊ポスト1995年6月23日号）

過去に達成者の多い記録より、自分しかいない3度の三冠王の方に誇りを持っていたのだ。もちろん現役選手である以上、オフは名球会のイベント参加よりも休養を優先させたい事情もあった。実はこの9年前、2年連続三冠王に輝いた1986年に出版した自著の中でも、落合は名球会について、こんな本音を綴っている。

「名球会というのがあるが、あれに入ったらいよいよ選手生命が終わりのときですよ、と宣告された気がしてなにかもの悲しい気がする。浩二（山本・広島）さんも二千本安打を打ったとき、やっぱりちょっと気が抜けた、と言っていたが、周りが騒ぎすぎて、名球会を選手の墓場扱いするのは考えものだ。それでなくても、人間は、『これでもういいんだ』と欲を失ったときから力が落ちてくるから怖い」（なんと言われようとオレ流さ／落合博満／講談社）

記録達成の夜は、家族や親しい知人と焼き肉屋でささやかな祝杯をあげた。決して嬉しくないわけではない。それでも、「あと5年は現役を続ける」と公言する男にとっては、ひとつの通過点だった。ここがゴールではない。それだけのことだ。だが、この名球会辞退の騒動以降、球界重鎮たちからの落合への風当たりはさらに激しさを増したのも事実だ。なぜなら、彼らが目指し、なによりも誇りとする2000安打を「その先がある」と一瞬で通り抜けていったのだから。

いわば、落合は名球会にも巨人にも、媚びなかった。群れるのではなく、個人で群れと対峙することで孤独と反発心を己の人生の糧にしたのだ。組織の中でそういう生き方は、緊張感を生み、ときに敵を作る。球団ＯＢたちから「なんであんな年寄りを獲るんだ」とすら批判された男が、40代にして涼しい顔で打率3割を打ってみせる。どうだ、あんたら見たか——と。

巨人軍でオレ流を貫き通すことは、戦いだった。1995年の落合博満は、その戦いの渦中にいた。

1995年7月のオールスター。優秀選手のイチロー（オリックス）、清原和博（西武）、MVPの落合
KYODO

16
嫌われた41歳の〝最終戦争〟

「みなさんの気持ちはよくわかるし、生え抜き組を排除するという気持ちは毛頭ない。でも適任という意味ではやはり、落合でしょう。原は優しすぎるところがあるんですよ」(週刊文春1995年4月13日号)

1995年開幕前、長嶋監督は巨人の四番について、ファンの「四番原待望論」を受けた上で、「ナインの信頼度は落合がいちばん」とあらためて宣言した。

開幕ダッシュに失敗して一時最下位に低迷した巨人だったが、5月2日の阪神戦で一塁を守る落合は一、二塁間のゴロを追いかけ体が一回転した際に左肩を痛め、直後の打席で交代する。名球会創設者の金田正一は自身の連載「カネやんの『今週の長嶋采配』」で、「落合には悪いがキミの『4番離脱』で巨人は蘇った。これで優勝に向かって一直線じゃ」とここぞとばかりに批判した。

「長嶋がなかなか踏ん切りがつかなかった主砲の交替ということを、落合の負傷退場がスムーズに進めてくれた。まさに神が与えてくれたチャンスだったわけです。(中略)落合には悪いが、このケガで巨人に見えてなかったものがハッキリ見えてきたように思う。長嶋よ、元気で出たいヤツにチャンスを与えてやりなさい。そのためにも、落合を簡単に4番へ戻すことをしてはいかん」

（週刊ポスト1995年5月19日号）

野村監督「落合がいないから、巨人は勝てたんや」

この左肩の打撲により、落合は6試合を欠場する。

満身創痍でもチームのためにと試合に出続けた前年とは違い、長嶋監督も1995年シーズンは決して無理をさせず休ませながら起用した。背番号6は5月の月間打率・367と状態を上げ、武上四郎打撃コーチからの「ケース・バイ・ケースで大きいのは捨てて、つなぎ役をしてほしい」という要望を受け、本塁打こそ少なかったが、チャンスでは職人技の右打ちで打点を稼いでみせた。

「去年は自分が打つことはさておき、チームが勝つことを最優先したけれど、今年は自分のことを考えているよ。今年は数字を残さないと、野球を続けられなくなるから。でも、まだあまりよくはないわな。いい日と悪い日がはっきりしているからね。それをなくせばじきに3割2、3分までいくんだけれどね。守備で左肩を痛めて6試合休んだけれど、去年みたいに野球ができるかどうかというほどの怪我じゃなかった」（週刊ポスト1995年6月23日号）

巨人2年目はキャンプから一貫して、〝オレ流〟スタイルを崩そうとはしない41歳の四番打者。それは、例えばあくまで巨人のために己を殺した原とは対照的な野球観であり、人生観でもあった。5月30日のヤクルト戦、2点リードされた9回裏一死満塁の一打逆転サヨナラの場面で、打席に向かおうとした原に非情な「代打吉村」が送られた。結果は最悪の二ゴロ併殺打でゲームセット。チームは首位ヤクルトに7連敗を喫し、6・5差と大きく離された。重苦しい空気に包まれた東京ドームのロッカールームで、屈辱を押し殺す背番号8に声をかけられる選手はひとりもいなかったという。

四番落合への依存度軽減を掲げた大型補強だったが、新外国人のシェーン・マックは日本野球への適応に苦しみ、移籍組のジャック・ハウエルや広沢も期待に応えることができず、3年目の松井は打撃不振から4月下旬に六番降格を命じられた。投手陣では前年MVPの桑田の右ヒジ側副靱帯断裂が判明して、トミー・ジョン手術を行い長期離脱となった。

誤算続きで、遠ざかるヤクルトの背中。野村克也監督は、開幕前の激励会の席で桑原潤オーナーから「監督は今季限り」という異例の通告をされながら、5月2日には球団最短の貯金10をマークする戦前の下馬評を覆す快進撃を見せていた。主軸の広沢とハウエルを宿敵に奪われながらの首位独走に、饒舌な野村監督は連日のように長嶋監督や落合を挑発する。

「（欠場中の落合が）出てきてくれたほうが助かる。今でも（巨人の打線は）つながっとらんのに、さらにつながらなくなるから大助かりや。世間でいう〝落合効果〟なんか、そんなもん、あらへん！去年の日本シリーズなんか、落合が出なかったから巨人は勝てたんであって、落合がチームを引っ張ったのを見たためしがない。落合が三冠王を取った年はみんなチームの成績が悪い年だし、帳尻合わせしかできない男や」（東京中日スポーツ１９９５年5月12日付）

〝巨人史上初〟の退場処分だった

打率ベストテンに顔を出しながら、チームが勝てないと真っ先に叩かれるのが、日本中から注目されていた時代の巨人四番の宿命でもある。以前、原が通った道を今度は落合が経験したわけだ。そして、6月7日の敵地に乗り込んだ横浜戦では、3回裏にアクシデントが起こる。

一死一塁で三塁前にセーフティーバントをした石井琢朗が一塁にヘッドスライディング。際どいタイミングだったが、セーフの判定に一塁を守る落合が激怒するのだ。この抗議の際に有隅昭二一塁塁審を両手で突いて、自身9年ぶり2度目の退場処分に。なお、日本人四番打者の退場は巨人史上初のことだった。そのらしくない行為に、マスコミでは前夜のデニー友利が投じた背中付近を通過するブラッシュボールへの苛立ちと繋げたが、真相はまた別のところにあった。

「(守備に就く際)通常『こんちは』とか『よろしく』と声をかけると誰からもリアクションはあったのだが、この日の一塁塁審には無視をされた。選手から審判員に転向したばかりで、この年から一軍の試合をジャッジするようになった若い審判員だった。(中略)いざ試合が始まっても、その審判員にはどことなく不安げな雰囲気が漂っており、選手にしてみれば『彼は、きちんとジャッジができるのか』という気持ちにさせられたのだ」(プロフェッショナル/落合博満/ベースボール・マガジン社)

二塁を守る岡崎郁からは、試合後に「今日はどうしたんですか。あの審判員、泣き出しそうで心配でしたよ」と笑いながら声をかけられたが、プロとしてグラウンドに立っている以上は、年齢や経験は言い訳にならない。弱さを見せたら負けだ。選手が不安になるので、審判員も任された試合は毅然とした態度でジャッジしてもらわないと困る。それが、落合の「プロ論」でもあった。

長嶋巨人は8連敗直後に7連勝をするなど調子に波があり、勝率5割ラインを行き来する不安定な戦いぶりが続いた。6月中旬には、落合が一塁守備時にファウルフライを追いかけて右ふくらはぎを痛め、17日の広島戦でチェコの内角球を避けた際、その怪我が再発して翌日は欠場した。頼みの主砲を欠いたチームは、本拠地で広島に今季初の同一カード3連敗を喫する。元三冠王も近年は夏場での弱さを指摘され、前年も8月打率は・236と低迷。41歳の体力面の不安と独走態勢を固める首位ヤクルトの安定した戦いぶりに、巨人は来季以降を見据えて、「四番松井」に早く切り替えるべきという評論家の声も少なくなかった。

前半戦終了時の打率・316に加え、16年連続の二ケタ本塁打をクリアする11本塁打を放ちながら、批判の声が絶えない孤独なオレ流——。

だが、直後に逆襲のときがやってくる。落合博満、41歳の夏である。

41歳〝逆襲のオールスター〟

「ジャイアンツでの俺の役割というのは防波堤ということだったと思うよ。負けた時のね。ファンからの、マスコミからの、OBからの非難の声に対する防波堤。まだ松井に『お前が打てなかったんだから負けたんだ』と責任を取らせることはないじゃない。それは実績のあるベテランに

しかできない」（不敗人生 43歳からの挑戦／落合博満・鈴木洋史／小学館）

１９９４年高額納税者番付のスポーツ選手部門で、Ｊリーグブームを牽引する三浦知良を抑え、1位となった落合に対しては、常に「4億円の年俸に見合わない」という批判が付いて回った。95年開幕前には、メディアで球界ＯＢたちが「長嶋監督は落合を四番から外す決断をいつするのか」を議論するような状況だった。

〈黒江透修「僕は、打順を下げるよりは、長嶋監督は、適当な理由をつけて再調整させると思うな。ヤマちゃん、どう？」

山崎裕之「落合は、変にプライドの高い男だから、降格よりは再調整を選ぶでしょうね。それで、やってもダメだと分かれば切れて、終わり（引退決意）じゃないかな」〉（週刊宝石１９９５年4月20日号）

さらに95年シーズンの長嶋巨人は、前年日本一のチームがなりふり構わない大型補強を敢行したことにより、多くの野球ファンから憎悪の対象となった。ＮＰＢにＦＡ制度が導入されてからまだ日が浅く、ファンからも大物選手がより良い条件を求めて自ら移籍をするという行為が、〝裏切り〟にも近いとらえ方をされていたのである。巨人戦ナイターのテレビ視聴率はかろうじて平均20％を維持していたが、前年より4ポイントもダウンしていた。

7月25日のオールスター第1戦。横浜スタジアムのライト側スタンドにはセ・リーグ各球団の応援団が陣取っていたが、巨人の選手に対してだけ、明らかに声援の種類が違ったというスポーツ紙記者の証言が残っている。

「セ・リーグの選手が打席に立つと、十本近い各球団の応援旗が仲よく振られて壮観でした。ところが巨人の選手だけは例外です。旗が倒され、絶対に応援しないんですよ」（サンデー毎日１９９５年8月13日号）

巨人の背番号6がバッターボックスに立つと、一部のセ・リーグファンからは相手選手が凡退したときにやる「アウトォー」という野次すら飛んだ。そういう状況で全セの「四番ＤＨ」に座った落合は、8回裏に長谷川滋利から横浜スタジアムの左中間スタンドへ目の覚めるような同点弾を叩き込み、自身12年ぶりの最優秀選手賞を獲得するのだ。球宴通算11本塁打目は山本浩二の14本、王貞治の13本に次ぐ歴代3位（当時）。41歳7カ月でのＭＶＰは、１９７７年第2戦の野村克也（南海）の42歳0カ月に次ぐ第2位の年長記録だった。

話題の中心は21歳のイチローや第2戦のＭＶＰ松井秀喜で、「ベンチに１９５０年代生まれはオレだけしかいなくて、居心地が悪かったよ」なんて自身も新世代の台頭を実感する球宴だったが、巨人ＯＢから嫌悪されていた男が、いわば巨人の看板を背負って全セの四番を堂々と務め上げてみせたのだ。

「（オールスターは）力と力の勝負だから、楽しいですよ。ちょっと詰まったけど、その方が飛ぶものなんです」（週刊ベースボール１９９５年8月14日号）

最年長首位打者が見えた

前半戦を3試合連続アーチで折り返した背番号6は、球宴MVP弾で後半戦はさらにその勢いが加速する。8月2日の広島戦から11日の阪神戦まで9試合連続安打を放ち、打点を記録しなかったのは1試合だけ。9日の中日戦では野口茂樹の内角直球をとらえ、東京ドームの左翼スタンド上段に推定飛距離139メートルの第14号特大アーチを叩き込んでみせた。

「少し詰まったよ。でも、詰まったから、キレないで飛んでいったんだ。いいポイントで打てるようになってきたよ」（週刊ベースボール1995年9月4日号）

近年では中日時代も含め最高とも言える当たりで大観衆の度肝を抜くと、11日には早くも前年に並ぶ15号を放った。この活躍に開幕前は「落合の四番にこだわることはない」と発言していた武上打撃コーチも、「怪物だよ。あの年齢で本当によくやってくれている。頭が下がるよ」と素直に脱帽した。

遠征先では10時間近く睡眠を取り、食事は宿舎の食堂に誰よりも長く座り、1時間半から2時間かけて、ゆっくりよく噛んで食べることを心がけた。41歳の夏、この男にとってすべては野球のためにあった。4割近い月間打率をキープし、8月17日の広島戦でシーズン10度目の猛打賞を記録すると、打率・325はリーグ4位。トップのパウエル（中日）が右太もも肉離れで長期離脱していたこともあり、にわかに〝最年長首位打者〟の可能性も騒がれ出す。

「週刊ベースボール」1995年9月4日号では、「41歳・落合博満のサバイバルを賭けた〝最終戦争〟の行方　V2危機の中で孤軍奮闘を続ける主砲のあくなき戦い」という特集が組まれている。

特筆すべきは、打席別の打率で「1打席目・406（69打数28安打）、2打席目・307（75打数22

安打）、3打席目・279（68打数19安打）、4打席目・338（71打数24安打）」と4打席目にも高いアベレージを残している事実だ（8月17日現在）。ベテラン選手は試合終盤になるほど打率を落とす傾向があり、例えば長嶋監督の現役最終年も4打席目以降は97打数23安打の打率・237だが、落合は5打席目以降を含めても打率・312をマークしている。前年の落合は夏場での弱さと試合終盤の低打率が指摘されていたが、40代にしてその両方の課題をクリアしてみせたのである。

なお、41歳で規定打席に到達して打率3割をマークすれば、1955年の戸倉勝城（阪急＝・321）、1989年の門田博光（オリックス＝・305）に続く史上3人目の快挙である。ただ、これだけの数字を残しながら、それでもなお落合批判はくすぶり続けた。

元阪神の四番打者・掛布雅之は、3割以上の打率を残すオレ流の卓越したバットコントロールを評価する一方で、「ストレートに対して体の切れが悪くなり、腕をたためなくなってきている」とスラッガーとしての衰えも指摘する。

「うまさを感じさせるヒットで打率を残すことは出来るだろうが、四番としての強さは生まれてこないし、追い込まれるとあっさりと三振してしまうモロさが同居しているのだ。（中略）衰えを隠せない落合がもし首位打者狙いに的を絞るなら、それは重量打線崩壊の巨人を象徴していると は言えないか」（週刊文春1995年8月31日号）

7月終了時、首位ヤクルトに8・5差をつけられ、長嶋監督は「最後まであきらめません。メークドラマですよ」と前を向いたが、Aクラス争いがやっとで連覇はすでに風前の灯だった。後半戦はドラフト1位ルーキーの河原純一を先発ローテに定着させ、家庭の問題で帰国してしまったハウエルの代わりの三塁には、若手の後藤孝志や吉岡佑弐を起用する。

「ＦＡは若手を育成する時間と余裕を作るため」という長嶋監督の言葉通り、「次代の巨人軍」へ着々とチーム作りは進んでいた。その流れに抗い、最年長首位打者に挑戦したのが落合であり、対照的に大型補強と世代交代で出場機会を失い、ついに現役引退を決断するのが、プロ15年目の原辰徳である――。

いわば栄光のＶ９やＯＮから続く、古き良きジャイアンツの幻影を背負い続けた原の引退により、ひとつの時代が終わろうとしていた。思えば、１９９５年の東京ドームで巨人ファンから最も大きな声援と拍手が送られたのは、背番号8が右打席に向かうときだった。

1995年10月8日、原の引退セレモニー。オープンカーに乗り、東京ドーム場内を一周した
Sankei Shimbun

17
ライバル原辰徳 37歳の引退

「ああ、どうしてだ！　なんでだ！　もう辞めてやろうかと癇癪が出かけたんですよ。そのときにユニホームの胸のＧＩＡＮＴＳの文字が目に入った。これを見たとき、小さいころからジャイアンツのユニホームを着てプレーするのが夢だったことがぱっと頭に浮かんでね。我に返ったんですよ。自分だって十五年やってきて巨人軍が自分を作ってくれたという感謝と恩があります。そういうジャイアンツに後ろ足で砂を引っかけることができるのかと……。そういう風に考えたらすごく楽になりましたね。それで、もういいと……、自分はあってないものだと……」（週刊読売１９９５年11月12日号）

１９９５年５月30日ヤクルト戦、２点を追う９回裏一死満塁の一打逆転サヨナラのチャンスで、打席に向かおうとした原辰徳は代打・吉村を送られた。36歳の背番号８は、屈辱と怒りの中で、己の置かれた立場をついに受け入れたのだ。

前年に落合博満がＦＡ加入すると、内野のレギュラーポジションを失った。だが、８月の22試合で７本のホームランを固め打ち。日本シリーズで落合が負傷欠場すると代役四番を務め、チームは日本一の大団円でシーズンを終えた。95年のキャンプで首脳陣には、原を一塁とレフトで併用する構想もあったというが、本人が一塁専任を強く希望。これに長嶋監督か、「タツ（原）は自分の立場がわかっていない。ポジションを選り好みしていて試合に出られるか」（週刊新潮1995年5月25日号）と苦言を呈したという報道もあった。

オープン戦ではチームトップの3ホーマーを放ち、開幕前の激励会の壇上では、「レギュラーで出場できるかどうかわからないけれど、自分の仕事はわかっているし、今年はその自信もあります」（週刊文春1995年4月20日号）と、新シーズンの目標に「本塁打30本」を掲げてみせた若大将。しかし、開幕後の原は序盤に正三塁手のジャック・ハウエルの負傷で数試合のスタメン出場はあったものの、シーズン第1号は、落合の欠場により「五番一塁」で先発出場した5月3日の阪神戦まで出なかった。あくまで落合やハウエルの控えという残酷な現実がそこにはあった。

「ボクは落合さんには絶対に負けない」

背番号8はそのキャリアを通して、マスコミから常に「勝負弱い四番」のレッテルを貼られたが、実は1980年代のセ・リーグで最も本塁打を放ち、多くの打点を記録したのは、山本浩二（広島）や掛布雅之（阪神）ではなく、「274本塁打、767打点」の原だった。

しかし、同じく80年代にロッテと中日でセ・パにまたがり「340本塁打、948打点」というひとり別次元の成績を叩き出したのが落合である。

80年代中盤、オレ流スラッガーの巨人へのトレード報道は毎年のストーブリーグの風物詩だった。王貞治が現役引退して間もない当時はまだチーム内外で「巨人の四番は日本の四番であるべし」という価値観も強く、落合待望論は裏を返せば原への物足りなさを意味していた。「週刊ベースボール」１９８４年9月17日号掲載の特集「王監督が狙う〝巨人改造計画〟の中身」では、原を外野にコンバートして、落合をトレード獲得へ。予想オーダーは「４番落合、７番原」と書かれている。この前年、原は打点王を獲得してチームをリーグ優勝に導いたにもかかわらずだ。いわば、５つ年上の三冠王男は、80年代の巨人を背負う原にとって強く意識する存在だった。

「落合さんがね、三冠王の看板をひっさげてロッテから中日に移ってきたときですが、あのころまだ元気だったシノさん（篠塚）と話し合ったんですよ。ボクは絶対にホームランでは負けないから、シノさんも打率で頑張ってほしいってね。で、あの年は両方ともボクらが勝って……」（週刊読売１９９５年11月12日号）

１９８７年の原は、中日１年目・落合の28本塁打を上回る34本塁打を記録。「人が人を作る、というか、あの年はそんな感じだったですね」とオレ流から受けた刺激を認めているが、この７年後にふたりの野球人生は長嶋巨人を舞台に交差する。

8月21日、「原引退」報道

思えば、原は過去の偉大なＯＮだけでなく、常に同時代を生きる落合とも比較され続けてきたわけだ。もちろん、現役最後の１年となる１９９５年シーズンも変わらずである。レギュラーとして四番を張る背番号6とは対照的に、背番号8はベンチ要員でホームランも6月7日の横浜戦で第3号を放って以降は途絶えていた。

切れかかった気持ちをなんとか繋ぎ止めようと、若手陣が早出の特打ちでグラウンドを使用するのを横目に、原はブルペンのマシンでひとり黙々とボールを集め、機械をセットして、ひたすら打ち込んだ。

8月のある試合、ハウエルが家庭の事情で帰国し、スタメン三塁が不在となった。長嶋監督は前日まで左翼を守り、打撃不振に喘ぐ広沢克己を三塁に起用する。このとき、原は試合前練習で落合の控えとして一塁守備についていた。なお、その翌日の二塁は若手の吉岡佑弐が抜擢されている。吉岡は原が海外自主トレに連れて行き、可愛がっていた後輩のひとりだった。首位ヤクルトの背中が遠のき、世代交代を推し進めるチームに居場所もなくなっていく。7月に37歳の誕生日を迎えた背番号8は、FA組や若手の後塵を拝し、もはやほとんど窓際族のような扱いである。

「スタメンを決めるのは首脳陣の仕事で、ボクがとやかくいうことじゃないし、それまで打っていなかったボクが悪いんだ。けど、あのときボール回しでサードへ行く気にはなれなかった。いけないことなんだけど……」（週刊読売1995年11月12日号）

「七番三塁」で久々に先発した8月17日の広島戦では、10回表一死満塁のチャンスであえなく空振りの三振に倒れる原の姿。佐々岡真司のストレートに完全な力負けで、試合後は悔しさから顔を真っ赤にして一言も発しようとせず、担当記者たちも近寄り難い雰囲気だったという。一方で四番の落合は、その試合でシーズン10度目の猛打賞を記録。この頃の落合は、野球をとことん突き詰める打撃の職人のようなストイックさと凄味すら感じさせた。

「若いころはパワーや勢いがあったから、理想のフォームでなくても打てたし、タイトルも取れたんだよ。でも、年を取ると、そういうわけにはいかなくなってくるんだ。打つためにはより完璧なフォームを求めることになるんだよね。それに、経験を積めば積むほど技術レベルは上がってくるから、あそこが足りない、ここが足りないと考えるようになる」（週刊ポスト1995年6月23日号）

年齢を重ね体力は落ちるが、そのときの自分に合わせ己の打撃を変化させ、進化させればいい。そんな底知れぬオレ流との四番争いの果てに、選手・原辰徳の夢の終わりは近づいていた。

そして、8月21日、複数のスポーツ紙で、ついに「原引退」が報じられるのである――。

原辰徳が泣いた日

「原ほど可哀そうな選手はいない。おそらく原がもう少し遅く巨人に入っていたら、その評価はまた全く違うものになっていたはずですよ」（週刊ベースボール1995年9月18日号）

背番号8のプロ入り時の巨人監督である藤田元司は、〝長嶋監督解任〟と〝王引退〟の直後の1980年ドラフト会議で、4球団が競合した1位原の当たりクジを引き当てた。その瞬間、長嶋を追いやった男と冷たい視線に晒されていた藤田は、救世主を引き当てたヒーローとなり、同時に原辰徳の野球人生はON後の巨人軍を背負うことを宿命づけられる。CMでふりまくタツノリスマイルや優男のイメージとは裏腹に原には頑固な一面があった。王貞治は巨人監督時代に若き四番打者に幾度となく助言を送ったという。

「何度も技術面でのアドバイスはしたけど、原はかたくなに自分の型を変えようとはしなかった。それが原のバッティングに対するこだわりだったんじゃないかな。（中略）これまでコースか球種かのどっちかにヤマを張るバッターはずいぶん見てきたが、原はコースと球種の両方にヤマを張る。こんな打者はほかにいないんじゃないかなあ」（週刊読売1995年11月5日号）

エリート街道を歩んできた若大将は、「四番ということは特に意識しない。四番目のバッターのつもりでいつも打席に立つ」と口にしては「まるでお行儀のいいお嬢さん野球だ」なんてOBや評論家から非難されたが、原は原なりに自分のやり方で巨人の四番を守ろうとしたのだ。

だが、その15年間に及んだ長い戦いも終わりを迎えようとしていた。

95年の開幕前は、落合とのポジション争いに闘志を燃やすも、前年に続きシーズンを通して落合が不動の四番として君臨。41歳のオレ流は本塁打こそ終盤にペースダウンしたが、夏場に3割3分台にまで到達した打率は・311と自身4年ぶりの3割を記録。17本塁打、65打点という成績を残した。「あと5年現役を続ける」と常々公言する落合は、「過去、多くの選手が、プライドと戦って、自分の引き際を考えてきたが、私の場合は少し違う」と前年に出した自著で明かす。「『もう、いいや』といった弱気の虫が胸のなかで鳴き出したら、私はいつでも引退する。『今年一年で引退する』といいながら野球を続けるということはない。シーズンが終了したあと、二、三日ゆっくりと考えてから、引退を決断する。私がユニフォームを脱ぐとすれば、こうした形になるだろう。引退の記者会見は、ない。横断幕で埋めつくされたスタンドから、涙の顔で手を振る観客に向かってグラウンドから挨拶をするといった光景も、想像しにくい。『えっ、落合って、引退してたの?』と、シーズンインになって、ファンの人たちがびっくりするような終わり方にしたい」(勝負の方程式/落合博満/小学館)

人生に求める正解が人によって違うように、男の引き際にも正解はない。原は8月下旬のスポーツ各紙の「今季限りで引退」報道は否定したものの、その時点でスタメン出場数は23にとどまり、打率1割台に低迷。現役引退は決定的で、遠征先の各球場で最後の顔見せ的な代打として打席に立つと、両チームのファンから盛大な拍手が送られた。

皮肉なことに、自チームのファンからさえも常に批判に晒されてきた若大将が、落合博満という巨大な敵との四番争いで後塵を拝し、そのキャリアを終える間際に泥にまみれたことで、共感を得て、熱狂的に受け入れられたのである。

9月20日の中日戦で第4号アーチを放つと、打球の行方を確認しながら両手をあげてバンザイ。東京ドーム全体からスタンディング・オベーションが起こり、お立ち台で背番号8は「たまに出てもこれだけのお客さんがね、声援を送ってくれて……」と涙を流した。チームはAクラス確保が現実的なノルマだったが、タツノリ引退興行はまるで優勝直前のような熱気に溢れていた。

引退試合、2人は握手をした

9月26日の横浜戦では、同僚の斎藤雅樹の最多勝を決定づける18勝目を呼び込む劇的な一打。日本テレビ解説者で巨人OBの高田繁が「原の顔を見てますとね、やっぱりもう今シーズン限りということで決心している。顔に鋭さといいますかね、厳しさがどうしても出ないですよね。こうなるとなかなか打つのは難しいですよね」と辛辣な言葉を並べた直後に、三浦大輔から左翼席へ第5号決勝ソロアーチを叩き込む。興奮のるつぼと化した東京ドームのスタンドに向かって、一塁側ベンチ前でまるでメジャーリーガーのようにヘルメットを掲げて大声援に応えてみせる原がいた。そして、ヤクルトの優勝が決定した翌日の10月1日、ついに神宮のクラブハウスで長嶋監督に現役引退を報告するのだ。

1995年10月8日、東京ドームで行われた広島戦が原の引退試合となった。消化試合のデーゲームにもかかわらず、午後2時から中継された日本テレビの瞬間最高視聴率は32・4％を記録。「四番三塁」で先発出場した原は、7回に紀藤真琴から第6号の通算382号アーチを放ち、有終の美を飾る。四番原の一打をホーム付近で出迎え、「お疲れさん」と言わんばかりに控え目に右手を差し出し、軽く握手を交わすのは次打者の落合だった。タツノリ・コールが鳴り響く中、オープンカーに乗り場内一周すると、最後は背番号8が長嶋監督と涙の抱擁。それは数年後に、華やかなセレモニーは性に合わないと代打で1打席だけ立ち、出待ちしているファンと握手をして静かに現役生活に別れを告げた落合とは、対照的な引き際でもあった。

「巨人軍には〝聖域〟があります」

この日、引退スピーチで、原が口にした「巨人軍は巨人軍独特の何人も侵すことのできない〝聖域〟があります。私はこの15年間、それを肌で感じ、守って参りました」という言葉が注目を集めたが、この「聖域」とはいったいなにを指していたのだろうか？

「それは伝統だと思いますね。いろんな先輩たちが、選手だけでなくファンの人たちも含めて作り上げてきたもの。それはもうどういう人がきてもそこには立ち入ることができない。厚いカベというか……。またそういったことを選手たちも意識しながら、プレーすべきだと思います」（週刊ベースボール1995年10月30日号）

原辰徳は巨人軍の聖域を必死に守り、落合博満のFA移籍は結果的にその〝厚いカベ〟を破壊して、巨人軍を次の大型補強の時代へと進めた。酷な言い方になるが、プロ入り時はONの後継者を期待されるも、いざ辞める時に長嶋監督が四番を託したのは落合だった。いわば、原は落合に負けたのである。

16歳で甲子園のアイドルとなり、巨人のスーパースターとして勝ち続けた男が、37歳の現役最後に味わった敗北の味。それは同時に、のちに巨人監督最多の通算1291勝を記録する野球人・原辰徳の第二章が幕を開けた瞬間でもあった。この十数年後、原巨人と落合中日は、平成球史に刻まれる幾多の名勝負を繰り広げることになる。

1995年のペナントレースは、9月30日に野村克也監督率いるヤクルトスワローズが宿敵の巨人に勝ち、2年ぶりのリーグ優勝を決めた。21時40分、平凡なセンターフライを打ち上げ、最後の打者になった若者は、歓喜に沸く神宮球場で恐怖に近い危機感を抱いたという。

「このままではオレは終わってしまう……」

彼こそ、原から〝巨人軍の聖域〟を託された男。そして、落合から四番を奪うことを宿命づけられた選手だ。不完全燃焼のままプロ3年目のシーズンを終えた、21歳の松井秀喜である。

第6章 ラストイヤー（1996年）

1996年シーズン、巨人四番の座を争った松井秀喜（当時22歳）と落合（当時42歳）
Baseball Magazine

18
落合博満vs.松井秀喜「不仲説」

「運転手サン、巨人勝ってる？」

大学時代、記者とタクシーに乗った原辰徳は、少年のような屈託のない表情で運転手にそう聞いたという。原はプロ入り前から大の巨人ファンで、長嶋ファンでもあった。そして、ドラフト1位で巨人入りすると四番を打ち、１９９５年限りで現役を引退したが、ユニフォームを脱ぐ際に自身の後継者として21歳の松井秀喜の名前を挙げた。

「最後の試合の時、まぁ、あまり個人的に言ったらいけないのかもしれないけど、松井には、とにかく打って欲しかったですね。松井、打ってくれ、打ってくれって、そう願ってました」（週刊文春１９９５年10月19日号）

巨人の四番は貰うものではなく、奪い取るものだ――。そんなメッセージを残した原とは対照的に、松井は子どもの頃から阪神ファンで、長嶋茂雄が現役を引退した１９７４年生まれということもあり、ミスタープロ野球の勇姿をリアルタイムでは見ていなかった。プロ３年目の１９９５年シーズン、落合が故障欠場した8月25日の阪神戦（甲子園）でプロ初の四番に座ったが、松井本人も「ボクなんか、アルバイトみたいなもんですよ」と認める、あくまで代役の四番バッターだった。

41歳、異例の秋季キャンプ

この年の松井は打率・283、22本塁打、80打点という成績でチームは3位に終わり、最後は自分が凡退して目の前でヤクルトの優勝が決まる屈辱を味わった。秋が深まり、野村ヤクルトとイチロー擁するオリックスが激突した日本シリーズも遠い世界の出来事だった。だが、同時にこの屈辱が背番号55の反骨心に火をつける。オフは自費で北野明仁打撃投手と契約して徹底的に打ち込んだのである。長嶋監督もそれに呼応するかのように、秋季キャンプで松井をキャプテンに指名する。

「本人に自覚を持ってもらうためには、肩書きを付けるのが一番なんですね。昔から地位は人を変え、向上させるというではありませんか。松井にとっても集大成の秋ですから、必ずやってくれるでしょう。ええ、やらせますよ」（週刊ベースボール1995年11月20日号）

長嶋監督はプロ4年目の来季こそ勝負の年と位置付け、〝四番1000日計画〟の仕上げに入ろうとしていた。だが、その1995年の秋季キャンプである異変が起きる。

20代の若手選手たちに混じり、なんともうすぐ42歳になる落合博満が志願参加したのである。「絶対に邪魔はしませんから」と3週間にわたり、1日2〜3時間もカーブマシンをじっくり打ち込むオレ流調整。シーズン中、真ん中から外に逃げる変化球が見えなくて打撃が狂ってしまったので、その狂いを見つけ修正したかったのだという。先のシーズンで、リーグ4位の打率・31と史上最年長の打率3割を記録した男が、さらなる進化を求めてバットを振る理由を長嶋監督はこう見ていた。

「カーブの打ち方について、あるテーマを持って秋季キャンプに臨んでいた。松井に対して、4番はやすやすとは譲れないという強い気持ちがあるんでしょうね。松井のほうも、落合が衰えたからというんじゃなくて、力で奪ってやろうという気持ちが前面に出てきたことがうれしいんだよね」（週刊現代1996年1月1・6日号）

落合vs.松井の不仲説

日に日に周囲も過熱する四番争いに対して、これまで表向きは「特別な意識はまったくない」、「ボクは別に何番でもいいんですけど」と興味を示さなかった松井の言動にも徐々に変化が現れる。元阪神の四番打者・田淵幸一との対談企画では、はっきりとオレ流への宣戦布告を口にしたのだ。

「正直にいいます。4番は、落合さんのいるうちにとりたい。きっちり結果を出して、絶対に実力で4番をとりたいという気持ちです。王さんや長嶋監督を筆頭に、これまでの巨人の4番打者というのは、あまりにも偉大でした。落合さんにしても、過去に3度も三冠王になったという実績がある。（中略）落合さんを尊敬する気持ちは強いけど、その落合さんから4番の座を奪えたら、という気持ちも同時にある」（週刊現代1996年2月24日号）

もちろん数々の修羅場をくぐり抜けてきた落合も黙っちゃいない。

1995年の年末には、当時まだ珍しかった酵素ドリンクからだけ栄養補給するファスティング(断食)療法を敢行。ミネラル・ウォーターを大量に飲み新陳代謝を促すウォーター・ローディングや、日常生活で良質のタンパク質を多く含む落花生を意識的に食べるようにしたりと最新のスポーツ医学や栄養学を貪欲に試す大ベテランの姿があった。故障を抱えていた前年とは違い、万全の体調で迎えた96年の春季キャンプでは、恒例のエアテント内での打撃練習だけでなく、背番号6は守備のフォーメーションプレーにも参加するなど精力的に動いてみせた。

2月19日に宮崎の清武町(現・宮崎市)で行われた「交通安全のつどい」のゲストに呼ばれた落合は、300人を超える警察官を前に「今の若手は練習をやらされている。その間は負けない」なんて巨人の甘えの体質をチクリ。松井に対しても、「四番を打つと言うべき」とあらためて言及した。

長嶋監督は、そんなオレ流を「非常に不気味ですよ(笑)。自分の力を見せないでおいて、今に来るときが来たらオレの番だというね、あの不気味さなんて若い連中じゃとても太刀打ちできませんね」(週刊ベースボール1996年4月16日号)と冗談交じりに肯定したが、ここぞとばかりにマスコミは落合と松井の不仲を煽った。当時のチームメイトですら、「落合さんが松井と話していた記憶はあまりない。で、これは僕の勝手な憶測ですが、落合さん、松井の力を認めて意識しているのかなと思っていました」(長嶋巨人 ベンチの中の人間学/元木大介・二宮清純/廣済堂新書)と指摘する声があったのも事実だ。

だが、実は昭和と平成を代表する〝最強のふたり〟の大打者の関係性は、周囲が知らない意外な場所で繋がっていたのである。

初対面でまさかの30分超遅刻

「元気なオジサンが頑張ってますから、僕も負けないようにしたいと思います」

１９９６年のキャンプイン前にフジテレビの『ニュースＪＡＰＡＮ』に出演した当時21歳の松井秀喜は、あえてそんな言葉を口にした。〝オジサン〟とは、チームメイトで四番を争う球界最年長選手の落合博満のことである。

ふたりの出会いは、落合の巨人へのＦＡ移籍が決まった１９９３年12月、報知新聞社がセッティングした東京會舘での対談企画だった。この日、松井は渋滞に巻き込まれ30分以上も遅刻してしまう。しかし、先に着いて競馬新聞を読んでいた落合は怒るでもなく、「オレは練習が嫌いだとは言うけど、練習をしなかったとはひとことも言ってない」と、当時プロ１年目を終えたばかりのまだ10代の松井に練習の大切さを説いたという。

「ただ、とにかく振ったやつが最後に勝つんだという、それが一番印象に残っていますね。僕はあのとき19か20歳くらい。向こうは40でしょう……昭和28年生まれって聞いてびっくりしたのは覚えています」（Ｎｕｍｂｅｒ７５１号）

いつの時代も若者にとって20歳上の人間は先輩やライバルというより、ほとんど父親に近い年齢差である。生まれた時代も違えば、価値観も違う。ふたりは決してプライベートで仲良く飲みに行くという関係ではなかった。落合はキャンプ中に部屋でひとり鍋をつつく個人主義者だったし、松井も群れるタイプではない上に、チームの一軍野手の中で飛び抜けて若かった。寮では読書をしたり、ビデオを眺めて過ごす。日本テレビの密着カメラを向けられ、ウォークマンで尾崎豊の歌を聴きながら、黙々と洗濯をするニキビ顔の松井はどこか孤独にも見えた。

「松井が入った頃の巨人は仲良しグループみたいな雰囲気があったんですけど、松井はそういうのに馴染めないでいた」（Ｎｕｍｂｅｒ８２８号）

長嶋監督の専属広報だった小俣進はそう証言しているが、いわば当時の巨人の雰囲気に馴染めないふたりが、三番と四番のクリーンナップを組んでいたわけだ。なお、松井は落合の巨人加入直後にこんなコメントを残している。

「落合さんの移籍は、もちろん大いに興味があります。でも、ボクのほうから教えを聞きにいくことはないでしょうね。技術は教わるものじゃなく、盗むものだと思っていますから。それが難しいことだというのは、わかっています。ただ、４番打者の存在感とか風格みたいなものは、教わるんじゃなくて、自分の目で盗んでいきたい」（週刊現代１９９４年1月15・22日号）

元三冠王の偉大さを認めつつも、教えを請うのではなく、技術を盗む。若い松井にも、松井なりの意地があったのだ。長嶋巨人が初の日本一に輝いた１９９４年、「三番松井、四番落合」の並びを崩さず、１３０試合目の中日との同率優勝決定戦まで戦い抜いた。決戦前夜、さすがの松井もほとんど眠れず、異様な雰囲気のナゴヤ球場のグラウンドに立つと足が震えたという。そんな極限状態で、支えになったのは自分のあとを打つ不動の四番打者の存在だった。

「僕は自分にプレッシャーをかけていました。『世間から見れば20歳のひよっこだけど、落合さんの前を打つ巨人の3番打者なんだ。20歳だってやれるんだ』という使命感を持っていました」（不動心／松井秀喜／新潮新書）

「落合さんはファウルがスゴい」

そして、〝10・8決戦〟で落合と松井はアベックアーチを放ち、球史に残る大一番を制するのである。ちなみに松井はプロ1年目を終え、ミズノの工場を訪ねた際に見せてもらったバットが落合のものだった。そのスイートスポットが小さく、極端に先端寄りに重心がある長距離打者向きのバットに衝撃を受け、松井は自身のバットも落合の使う型を参考に毎年改良を加えたという。同僚になり、ネクストバッターズ・サークルや塁上から、神主打法を観察し続けるうちに卓越した技術の真髄に触れる。

「（落合さんが）凄いのはボールをバットに当てる技術。そしてその凄さを一番感じるのが、実はファウルを打ったときなんです。（中略）嫌なボールは全部、一塁側にファウルにする。しかもそのファウルを全部、芯で捕らえて打っているのが凄い。そうしてファウルを打つことで、投手との勝負でチャンスをどんどん広げていく。だんだんとピッチャーを追い込んでいって、いつの間にか立場が変わってしまうんです。あれは凄かった」（Ｎｕｍｂｅｒ７５１号）

今となっては意外に思われるかもしれないが、プロ2年目から3年目あたりの松井は、コンスタントに打率・280～90、20本塁打ほどの成績を残していたものの、入団時に託された「王貞治の55本を超えるホームランバッターに」という期待に応えているとは言い難く、1歳上のイチロー（オリックス）の快進撃と比較して、物足りないと批判する声も多々あった。

淡々とポーカーフェイスでプレーする背番号55。長嶋茂雄に憧れた落合や、巨人軍のユニフォームを着ることを夢見た原とは違い、もともと阪神ファンだった松井には長嶋巨人に対する過剰な思い入れがなく、そのスタンスが周囲の熱とのギャップとなって現れていたのである。キャスターの宮崎緑との対談で、「巨人の四番っていうのは特別なのでは？」と聞かれた際には、やんわりと否定している。

「……うーん。僕自身はそうは受け止めてないんです。いつなるかわかんないですけど、僕が（常時四番を）打つ時も、ジャイアンツの四番はこうでなくてはいけない、というプレッシャーを自分にかけるつもりはないし、僕は僕なりにいければ、と思っているんです」（週刊読売1996年1月21日号）

そんな松井の意識や言動も長嶋監督とのマンツーマンの素振りの特訓や、落合が体現する四番の役割を目の当たりにする中で、徐々に変化していく。いわば、プロとしてさらなる高みを目指す中で、自分に託された使命を受け入れたのである。

東京ドームの風呂場

落合と松井はグラウンド上では、同僚選手ですら、ふたりがじっくり話しているのをほとんど見たことがないと振り返る関係性だったが、実は両者には知られざる意外な接点があった。激戦の疲れを癒やす、東京ドームの風呂場である。他の選手たちが我先にと汗を流してロッカールームを出て行くのを横目に、マイペースの落合と松井はともにゆっくりと帰り支度をして、湯船に浸かった。

「2人とも試合が終わった後、ゆっくりしていましたから、お風呂に入るときはほかに誰もいないことが多かった。私の打撃には悪い癖がありました。どうしても右手が強すぎて無意識に頼ってしまい、スイングのときに右肘が上がる。バットの軌道が変わり、きちんと当たらなくなる。その悪癖を落合さんは早い時点で見抜いていた。直すために左肘の使い方などを教えてくれて『結果がいいから、必ずしもいい打ち方をしているわけではない。このままではそれ以上はいきませんよ』と。将来のためのヒントをいただきました」（スポーツ報知2023年12月5日付）

チームメイトすら知らなかった、ゲームセット後の世代を超えた大打者同士の交流。約20歳差の男同士の裸の付き合いは、まるで落合が松井に己の技術や考えを伝える野球の教室のようでもあった。対話を重ねるうちに、松井はこれまで以上に落合のプレーを目で追うようになる。

「なぜ選球眼がいいのか。なぜ逆方向に打球を飛ばせるのか。打率と長打を高いレベルで両立させる打撃について知りたくて練習から落合さんに目を注ぎ、試合中はベンチで隣に座った。（中略）

三冠王3度の打撃を支える思考をどう自分に応用するか。落合さんが意識していることを自分に当てはめ、打席で表現できるかという挑戦だった」(エキストラ・イニングス 僕の野球論/松井秀喜/文春文庫)

そして、1996年春。プロ4年目を迎えた背番号55は、オープン戦でチーム最多の5本塁打を放ち、12球団トップの20打点を記録する。機は熟した。長嶋監督は、ついにひとつの決断を下す。4月5日の阪神との開幕戦で、超満員の東京ドームにアナウンスされたのは、「四番右翼・松井、五番一塁・落合」だった——。

1996年5月1日、中日対巨人。ガルベス投手の危険球で中日・山崎武司と大乱闘。真ん中が落合(42歳)
Sankei Shimbun

19
「落合解雇」シナリオが作られた

「打撃の話をすればね。ベンチでよく話をするよ。これが同じ一塁のポジションを争っているライバルならこんなにいろいろ教えないけどね（笑）」（週刊現代1996年5月11・18日号）

42歳の落合は、元阪神のエース江夏豊との対談で「松井はどうや」と21歳の松井秀喜のことを聞かれると、そういって笑った。落合は駆け出しの若手時代、5歳上の江夏とマージャン卓を囲んだ際に自分の手牌を読まれ、「お前ほど待ちの分かりやすいバッターはいないよ。一球ごとにコロコロ待ちダマをかえてきよる。投手は、じっと構えていられるほうが怖いもんよ」と指摘されたという。この遊びの席での大投手からのヒントを本業の野球に応用するクレバーさが、落合にはあった。

1996年シーズン、落合は巨人移籍3年目にして、初めて開幕戦を慣れ親しんだ四番ではなく、「五番一塁」で迎えていた。入団時に長嶋監督が〝四番1000日計画〟を掲げた松井がプロ4年目を迎え、自身初の開幕四番に座ったのである。

その際、長嶋監督は事前に落合に対して「悪いけど、開幕は……」と一声かけたが、「監督、そんなに気を使わないで下さい」とだけ返答するオレ流がいた。首脳陣、マスコミ、ファン……多くの人間が外様でベテランの自分ではなく、若い松井に四番を打たせたがっていると冷静に己の立ち位置を見ていたのである。

「オレとしては、4番は外れたけど、気持ちのタガまで外れてしまったわけじゃないから。あいつを補助してやるのはマックじゃなくてあくまでオレ。オレが5番に控えて、ガンガン打ってチームが勝てば、あいつもそれほど4番の重圧を感じなくて済むようになる」（週刊現代1996年5月11・18日号）

そして迎えた4月5日、阪神との開幕戦で四番松井は1安打に終わるも、五番落合が先制のタイムリー二塁打を含む2安打2打点とチームを勝利に導いた。

野村克也率いる前年の日本一球団とのシーズン初顔合わせとなった4月9日のヤクルト戦では、同点に追いつかれた直後の6回表に山部太から1号アーチを神宮球場の左翼席に叩き込む。「狙ってました。松井も凡退してひと息ついたところでしたから」とホームラン談話を残した42歳4カ月の一発は、セ・リーグの日本人選手最年長本塁打（当時）でもあった。

「意地、とかじゃない。最近の私は野球を楽しんでやってますから。ただ、これだけ若い選手が出てきて、それをサポートしてやれるのは我々しかいません」（週刊ベースボール1996年4月29日号）

プロの世界で生き延びてきた大ベテランは、あくまで「五番降格」ではなく、「四番を守る五番」の役割を自らプロデュースしてみせたのである。4月12日の横浜戦では、盛田幸妃の投じた140キロの速球が、落合の頭部付近を襲い、打席でバットで頭をかばうように倒れこんだ。間一髪で避けると、起き上がるなり、「危険球じゃないか！　昨年も何度もあったぞ！」と鬼の形相で渡田均球審に詰め寄り、捕手の谷繁元信にも抗議した。だが、直後にニヤリと笑ってみせる背番号6の姿。五番落合は、相手バッテリーや審判、さらには自分の前を打つ松井との心理戦を楽しんでいるかのようにすら見えた。

「落合不要論」にキレた

開幕前の順位予想で、400勝投手の金田正一が「巨人が優勝。落合を使わないという条件で」と発言するなど、相変わらず球界OBたちは落合不要論を口にした。当の本人は涼しい顔でグラウンドに立ち続けたが、腹の中では「プロに年齢は関係ない」と怒りの炎を燃やしていた。

「監督、コーチは別にして、『こいつ、もうひと花咲かせてくれないかな』と、心配しつつも希望的観測で見ていてくれたのは関根（潤三）さんぐらいじゃないの。あとは『こいつ、早くやめればいいのに。何やってんだ、この馬鹿。いい歳こいて、お前なんかに何ができるっていうんだ。早くやめろ。野球界のマイナスになることはあっても、プラスになることはない』と思っていた人間ばっかりじゃない。今年（96年）はそういうことに対する反発で野球をやっていたようなものなんだ」（不敗人生 43歳からの挑戦／落合博満・鈴木洋史／小学館）

いつの時代も評論家は世代交代を論じ、マスメディアはニュースターの出現を追いかけ、ファンは生え抜きの若手の台頭を待ち望む。いわば巨人の落合は、救世主であると同時にフランチャイズ・プレイヤーの原辰徳を引退に追いやり、期待のニュースター松井秀喜の四番定着を阻む「外敵」だった。球界OBたちは国民的ヒーローの長嶋監督を表立って強く批判することはできない。若い松井を叩けば世間から総スカンを食らうだろう。だから、落合をターゲットにしつこく批判し続けたのだ。しかし、25歳の遅いプロ入りで、観客のほとんどいないパ・リーグの二軍から泥にまみれて這い上がってきたオレ流からしたら、若手に「ハイどうぞ」と自分の居場所を黙って譲るつもりはなかった。

「よくOBが『吉岡（佑弐）や大森（剛）を育てろ』とかいうだろう。でも、それで負けたらボロクソいうわけだ、監督のことを。周りは勝手なことばかりいうんだ。若い奴を育てながら勝つなんて、できるわけがない。（中略）プロの世界は、人に育ててもらうところじゃない。自分で育って、自分で這い上がってくるところなんだ」（週刊ポスト1996年4月19日号）

Jリーガーのラモス瑠偉との憤激対談企画で、落合はそう自説をぶった。「若手が実力で勝負してオレに勝てば、オレはヴェルディを出ていく。それで、オレをほしいチームがあったら、すぐにそっちに行く」というラモスに対して、「行くよな（と、ラモスを見て頷く）。ジャイアンツがオレをいらないとなって、他のチームがオレをほしいとなれば、オレもそっちへ行く」と同調してみせるオレ流。それはまるで自身に待ち受ける嵐のオフを予感しているかのようだった。

開幕スタートダッシュに失敗して、「ロケットは不発に終わりました。フロリダ沖に消えました」なんて長嶋監督が肩を落とした巨人は、4月終了時、7勝12敗で5位に沈んだ。四番の重圧に苦しんだ松井は19試合でわずか7打点。チーム打率・228もリーグ最低だったが、落合は打撃ベストテンの3位につける打率・354、さらに5本塁打、19打点とひとり気を吐いた。

「監督が決めたのなら従うまでだけど、『四番というのはこういうもんだよ』と見せてやらなきゃと思っていた。あの年は、最初松井がランナーをいっぱい残していってくれたから、コツコツと返していった。結局一カ月で代わりましたけれど、彼は良い経験をしたんじゃないのかな？」（VHS「長嶋茂雄 第三巻 背番号33の時代」BOOK「証言・長嶋茂雄」／メディアファクトリー）

ついに5月1日の中日戦から、長嶋監督は四番松井に一旦見切りをつけ、昨年までと同じ「三番松井、四番落合」の並びに戻した。その中日戦で、落合はあの乱闘騒ぎに巻き込まれるのである。

「ガルベスvs.山崎武司」最悪の大乱闘

「並の打者ならチャンスには何でも食らいついてくるところがあって、それを逆手に取ることもできるんだけど、落合さんはまずボール球には手を出してくれない。要求は際どいコースでも、それが甘くなって打たれるか、見られてカウントを悪くして甘くなったところをイカれるか。打たれているのは、ほとんど内角甘めの直球なんですけどね」（週刊ベースボール1996年6月17日号）

中日ドラゴンズの正捕手・中村武志にとって、元同僚の落合は天敵だった。1994年の同率優勝決定戦〝10・8決戦〟では、先制アーチと勝ち越しタイムリーを打たれている。7年間、味方として背番号6の技術や勝負強さを間近で嫌というほど見てきた。投手陣に意識するなと言っても無理な話だった。

1996年5月1日のナゴヤ球場、5回表に中日先発の小島弘務が、この日から四番に復帰した落合の背中にぶつけてしまう。グラウンド上には不穏な空気が流れ、巨人ベンチの〝ケンカ四郎〟こと武上打撃コーチは「狙っているのが見え見えだ」と死球に怒りの声を上げたが、この年から、闘将・星野仙一が監督復帰していた中日側も一歩も引かない。直後の5回裏、巨人の先発ガルベスが、先頭の山崎武司への初球で頭部付近に141キロのスピードボールを投げ込む。尻もちをつきながら間一髪でかわした山崎は立ち上がるなり、マウンドに詰め寄った。次の瞬間、自ら左手のグラブを外し臨戦態勢のガルベスと殴り合いに。両軍入り乱れての大乱闘となり、一塁から真っ先に駆け付けた落合は山崎を後ろから羽交い締めのように抱え込む。

「俺が中日に入った頃は、ベンチが指示を出したのに相手にぶつけなかったピッチャーがファームに落とされるケースもあったんだから。だから、5回表に俺が小島（弘務）から腰にぶつけられた時も、ベンチの方針に従わざるを得ないピッチャーもかわいそうだなと思ったから、怒らなかった。中日のピッチャーに同情したんだよ、俺は。あの時、俺が怒らなかったのを見て、『落合は中日相手だとおとなしい』というようなことを書く新聞があったけど、そうじゃないんだよ。まあ、でも、年がいもなくよくあんなふうに突っ込んでいっちゃったなあ（笑）」（不敗人生 43歳からの挑戦／落合博満・鈴木洋史／小学館）

この乱闘騒動で山崎とガルベスには退場処分が下されたが、長嶋監督は三塁側ロッカーに立てこもり、「暴力をしかけたのが山崎なのに、なぜガルベスも退場なんだ。あれが危険球ならば、落合への死球はどうなるんだ」と審判団へ21分間にも及ぶ猛抗議。32分間にわたりゲームは中断する。この際、落合は左腕を巨漢の山崎の首に巻きつけるように強引に止めに入ったため、左肩の筋を違えてしまったという。

「松井？　まだまだ比べものになりません」

しばらく打撃も不調に陥るが、平成7年度高額納税者番付のプロスポーツ部門で2年連続トップになった5月16日、横浜戦で1点を追う9回一死、四番落合は大魔神・佐々木主浩の147キロの速球を横浜スタジアムの左中間スタンドへ貴重な同点6号ソロアーチを叩き込む。

「落合さんはすごいです。あの一発には、鳥肌が立ちましたよ。僕の四番返り咲きが遠のくのが残念？　そんなことが問題じゃないんです。ああいう場面で打てるというのは、それだけで大変なことなんですから」（週刊ベースボール1996年6月17日号）

松井は自分が二ゴロに倒れた直後の一撃に、ベンチで打球の行方を追いながら思わずバンザイ。なぜ42歳にして、球界屈指のクローザーが投じた渾身の直球を力でねじ伏せるようなホームランを打つことができたのか？　引退後に落合は自著の中で、その攻略法を明かしている。

「横浜の大魔神といわれている佐々木主浩もストレートとフォークボールしか持たない投手である。私は、やはり彼のストレートだけを待っていたから対戦成績もいい。だから、セ・リーグの選手たちが彼のフォークに手を出して次々に打ち取られる場面を見ていると、不思議な気がする。伝家の宝刀であるフォークがいつ来るかわからないから打てないというが、なぜフォークを追いかけるのか。ストレートだけを待っていれば高い確率で攻略できるのである。どうせ打てないと

思うなら、ストレートだけを待つ勇気を持てばいい」（野球人／落合博満／ベースボール・マガジン社）

プロ18年目、今なお落合は巨人の大黒柱だった。5月18日のヤクルト戦でゾロスから3試合連続の8号2ランを放ち、史上11人目の通算4000塁打を達成。「長くやってりゃいつかはできるさ。でも、オレにはまだまだ先があるから」と貫禄のオレ流節だ。

長嶋監督は故障離脱だけはさせまいと、5月26日の広島戦で背番号6を強制的に休養させたが、四番を欠いた打線は完封負けを喫し、その存在の大きさをあらためて浮き彫りにした。落合は5月29日のヤクルト戦で通算2000試合出場を達成すると、神宮の夜空に9号アーチを打ち上げ自ら華を添えた。4月を借金5で終えたチームは、落合が四番に座った5月は25試合で16勝9敗と大きく勝ち越す。

「若手でも頬がこけるくらいの戦いのなかで、落合は本当によくやっています。実際、今の12球団で〝四番〟という響きがふさわしく感じられるのは、落合くらいでしょう。松井？　いえいえ、存在感においてはまだまだ比べものになりませんよ」（週刊ベースボール1996年6月17日号）

松井に開幕四番を託した長嶋監督でさえも脱帽した落合の存在感。これまでオレ流批判を繰り返したOBたちは揃って沈黙し、中にはその技術を素直に絶賛する大御所も出てくる。元日本ハム監督の大沢啓二は自身の連載「大沢親分の天下御免！」で、「松井よ、勝負球の読み方は生きたお手本・落合から盗め！」と提言している。

「バッター・落合の非凡なところは、相手投手の配球を読んで、狙い球を絞るのが実にうまいんだ。それも、勝負どころでの。もちろん、技術的にもず抜けたものを持っているけど、オレは、落合が三冠王を3度も獲った最大の要因は何かと問われれば、それは〈読みのうまさ〉だと答えるわな。松井は、そのあたりを大いに見習うべきだと思うんだ。見習うというより、落合から盗んだらいいんだよ。生きたお手本がいるんだから」（週刊宝石１９９６年６月13日号）

「落合解雇」シナリオ

６月21日の横浜戦では背番号６が13号、14号の２打席連発弾。復調した松井の一発と左中間への広告直撃弾を放ったマックとのクリーンナップ揃い踏みで、「ホームランに距離は関係ないよ。10年前のオレだったら、何本も外野の看板に当てていたけどな」と東京ドームを沸かせた。26日のヤクルト戦では勝ち越しの15号特大３ランを含む５打点を上げ、54打点でオマリー（ヤクルト）と並びリーグトップに立つ。史上最年長の打点王も射程圏内にとらえ、１９９６年の落合は限界説を跳ね返し、恐ろしい勢いで打ちまくった。契約最終年のシーズン前は、松井への四番継承をもって、落合の巨人での役割も終わったという雰囲気すらあったが、それらのストーリーを根本からひっくり返し、42歳にして四番を奪い返してみせたのだ。

対照的にチームは接戦に弱く、６月は８勝14敗と再び負け越し。６月末の首位広島との３連戦で３連敗を喫し自力Ｖが消滅。11ゲーム差をつけられ、優勝はもはや絶望視されていた。こうなると、水面下で来季に向けてチームを根本から作りなおそうとする動きが出る。一部フロントが絵を描いた「今季限りで高年俸の大ベテラン落合を切る」というシナリオである。

40代になっても、打撃三部門で自らの前年の成績を超えていく。最年長の打率3割を打ち、打点王争いを繰り広げる姿は、まさに超人だった。だが、引退を遠ざける落合の衰え知らずの打撃が、シーズンオフに喧噪をもたらす原因になろうとは、この時はまだ誰も予想だにしなかった――。

じつは2005年に巨人監督の有力候補になっていた星野仙一。その後、日本代表監督を経て、楽天監督を務めた
Sankei Shimbun

20
消えた「巨人・星野監督」

「とにかくね、今年はコンチクショー、コンチクショーと思いながら野球をやっていたからさ。何を言っているんだ、このジジイどもって。その気持ちが強かったから、何とかもったんだけどね」

（不敗人生 43歳からの挑戦／落合博満・鈴木洋史／小学館）

1996年、42歳の落合博満を突き動かしていたのは、球界OBたちからのバッシングに対する「反発心」だった。「お前ら、42歳、43歳まで野球をやっていたのか。その時、3割打っていたのか」。外野から好き勝手言っているアイツらを黙らせるには、バットで結果を残し続けるしかない。落合は歳を重ねて丸くなるどころか、怒りをモチベーションに変えて、自らを鼓舞した。長嶋監督の意向でプロ4年目の松井秀喜に四番を譲って開幕するも、5月になると実力でその座を奪い返し、6月には打点王争いのトップに立った。自身の限界説を嘲笑うかのように、5年ぶりの打撃タイトル獲得すら現実味を帯びていた。

だから「巨人・星野監督」は誕生しなかった

「一般のファンが好きなことをいうのは仕方がない。でも、同じ職業だった人間に『あいつはもうトシだから』といわれるのだけは嫌だね。（中略）そういうことをいっている奴らが、現役の時にどれだけのことをやった？　我々と同じだけのことをしたか？　長嶋さん、王さんにいわれるならしようがないよ。だけど、そのへんのペイペイの訳のわからない奴にああだ、こうだいわれたくないね」（週刊ポスト１９９６年４月19日号）

通算３０８５安打の張本勲は、金田正一らとの座談会で、「ハッキリいうと、落合を外すべきなんです。大久保が引退したあとの右の代打の切り札がいない、攻守に機動力を使いたい、若手の台頭を妨げる……と理由は３つ」（週刊ポスト１９９６年４月12日号）と〝落合不要論〟をぶち上げた。ちなみに金田も張本も、現役時代の終盤に他球団から巨人へ移籍してきた大物の〝外様組〟だ。にもかかわらず、同じような立場の背番号６を手厳しく批判し続けた。

なぜ、落合はここまでＯＢたちに嫌われたのだろうか？

特に巨人に関係するＯＢたちのオレ流に対する嫌悪感は、在籍３シーズン目を迎えても凄まじいものがあった。もちろん、誰よりも高い給料を取り、名球会入りも拒む先輩に媚びない生き方が反感を買ったという面はあるだろう。だが、それ以上に自分たちが独占してきた、球界に絶対的な影響力を持つ「巨人軍の甘い蜜」を余所者に奪われる危機感や嫉妬が渦巻いていたのではないだろうか。

なお、この９年後、２００５年に巨人監督候補と報じられた阪神のオーナー付シニアディレクターの星野仙一は、生え抜き以外では初の大役に破格の年俸10億円を提示されたというが、最終的に断りを入れている。星野は一連の騒動を振り返り、水面下で外様の自分の監督就任を必死に阻止しようとした、巨人ＯＢたちの体質を強い口調で批判している。

「（ジャイアンツのフロントが）思い切って変わろうと。そういうものは伝わってきたね。ただ、それに反対するＯＢがたくさんいた。僕みたいな〝よそもん〟の、生意気な小僧が監督になると聞いて責め立てた。時代が止まってるんだろうね。野球界への危機感、ジャイアンツへの危機感がない。男のヒガミだなと思ったね。こうは絶対なりたくない、ひがまれる立場でいたいと。あなたたちがしっかりしないから、よそもんの星野の名前が挙がるんじゃないのと」（週刊ベースボール別冊冬季号２００５プロ野球総決算／ベースボール・マガジン社）

野球人の多くが憧れた「巨人監督」や「巨人の四番打者」が、いわば日本球界の頂点に君臨していた時代。ＯＢたちからしたら、星野や落合といった〝よそもん〟にその座を奪われるのだけは我慢ならなかったのだろう。中日時代は監督と選手として、決して関係が良好とは言い難かった星野と落合だが、奇しくもその野球人生において、両者とも「巨人の壁」と対峙することになる。

フロントは「落合を切りたい」

長嶋巨人を日本一に導いても、最年長の打率３割を記録しても、落合不要論が盛んに議論される裏には、いわば球界の盟主の既得権益を巡る、男の嫉妬が渦巻いていた。１９９６年シーズン、快調に打ち続ける落合とは対照的に、チームは7月6日時点で、首位広島に11・5ゲーム差も離され、4位巨人の優勝は絶望視される。そうなると、待ってましたといわんばかりに「落合外し」のシナリオが動き出すわけだ。

「どうも今年（96年）の6月頃には、フロントは俺を切りたいという意向を持っていたようなんだ。ところが、その意向が渡辺社長に伝わり、社長はフロントを呼び出した。で、『落合の3年間の実績を踏まえた上で、来年の処遇をどうするか考えろ』とフロントに命じたんだ。社長は、今年で俺との契約が切れるけど、来年（97年）も契約するということを前提にして数字（年俸）をきちっと出して報告しろ、という意味で言ったんだよ」（不敗人生 43歳からの挑戦／落合博満・鈴木洋史／小学館）

そんな舞台裏は微塵も感じさせず、落合はバットで結果を出し続ける。7月3日のヤクルト戦、6回表無死一塁でブロスの149キロのストレートをとらえ、左翼スタンド中段へ第16号アーチ。これが史上7人目の通算500本塁打で、2025試合目の到達は王貞治に次ぐ歴代2位のスピード記録。42歳6カ月は史上最年長での達成だった。スポーツ各紙が1面トップで快挙を報じるも、本人のコメントは「直球しか待っていない。それしか打っていないからね」と素っ気ないものだった。

実はこの頃、写真週刊誌「フライデー」に落合が16歳年下の女性と一緒にいる写真が掲載されるが、信子夫人は「今回、写真を撮られたことについては、なんとも思っていません。私は、落合が無名で年俸360万円の頃からパンツ洗って、靴下洗ってきたんだよ。いまモテているといっても、それは年俸（が高いことで）だからね。モテるんだから、いいんじゃない」（週刊現代1996年7月27日号）なんてマスコミには余裕の対応を見せ、オレ流の密会騒動はすぐ沈静化した。

そして、ついに長嶋巨人が息を吹き返す。7月9日、札幌円山球場での首位広島との直接対決。2回二死走者なしから日本タイ記録の9者連続安打で一挙7得点。この試合を10対8で制すると、翌10日の第2戦も先発ガルベスが自らホームランを放ち、完投勝利で連勝を飾る。勢いに乗ったチームは順調に白星を重ね、7月16日に7ゲーム差に詰めた長嶋監督はご機嫌に宣言してみせた。

「松井はいま20本。残り試合で20本を打って40本になればミラクル。2年越しのメークドラマとなるでしょう。皆さんは信じていないかもしれないけど、今年は自然界も荒れている。野球界も荒れたっておかしくありません」（月刊長嶋茂雄Vol.12「10・8」と「メークドラマ」／ベースボール・マガジン社）

1996年8月31日の中日戦、落合が野口茂樹の死球を受ける。左手小指を骨折、シーズン中の復帰が絶望視された
KYODO

21
「絶望のデッドボール」vs.星野中日

松井が40本塁打を打てば巨人の大逆転Vも可能になる――。その「メークドラマ予言」に背中を押されるように背番号55は、7月に打率・361、5本塁打、15打点で月間MVPを獲得。チームは7月を13勝5敗と大きく勝ち越した。長嶋監督の発言をマスコミやファンに向けたリップサービスと取る向きも多かったが、落合は長嶋流マネジメント術の一種と見ていた。

「惜敗すれば敵の守護神を称え、胸がすくような逆転劇には人一倍の喜びを表現する。これが長嶋さんのキャラクターだと思っている人は多いと思うが、私は、こうしたパフォーマンスの裏には深い意味があると感じている。（中略）これは、メディアに対する発言のようでありながら、実は自軍の主力選手に向けた檄なのである」（プロフェッショナル／落合博満／ベースボール・マガジン社）

今思えば、長嶋監督の言葉にマスコミやファンだけでなく、巨人ナインも乗せられていたわけだ。

「10～12時間は寝ている」

前半戦を打率・305、18本塁打、66打点という好成績で折り返した落合は、オールスター戦にロッテ時代の1984年以来、12年ぶり3度目のファン投票で選出。全セの四番に座ると、第1戦でタイムリー二塁打を放ち、優秀選手に選ばれた。

後半戦の巨人は8月6日から5連勝、11日の中日戦で野口茂樹にノーヒットノーランを食らい勢いが止まるかに思えたが、そこから再び6連勝の快進撃。ついに20日の横浜戦に逆転勝利すると、2位広島と0・5差ながら、単独首位に躍り出る。絶好調のチームを支えていたのは、20歳差の三・四番コンビだった。

42歳の落合は腰部筋膜炎で8月6日から3試合スタメンを外れたが、9日の中日戦で「四番一塁」に復帰する。静岡・川根町(現・島田市)から自宅に温泉の湯を運び込み入浴時に使用。夏場の睡眠時は家族とは別室で、クーラーをかけずに10時間から12時間の睡眠をたっぷり取り疲労回復に努めた。なお、令和の大谷翔平が「(ナイターが続く場合は)10時間から12時間くらいは寝ています」(Number1035号)と発言して話題になったが、平成の大打者・落合も同程度の睡眠時間を確保していたのである。根性論が幅を利かせていた時代から、打撃の状態が悪くなったら、無茶な猛練習よりも「一も二もなく、休養を取る」のがオレ流だった。

「栄養の充分な食事をきちっと摂って、ひたすら疲労回復に励む。疲れが抜けてくるのに従って、睡眠も取れるようになるだろう。体力が回復してくれれば、失いかけた技術を取り戻すことも容易となる。このほうが、合理的な対応策だと思える」(勝負の方程式/落合博満/小学館)

「落合さんに言われるんですよ（笑）」

寝坊や遅刻癖でしばしば紙面を賑わせた22歳の松井は、8月17日のヤクルト戦で吉井理人から東京ドームの右中間スタンド上段まで運ぶ特大の第30号アーチ。巨人では1988年に31本塁打の原辰徳以来の大台到達だった。背番号55は自身初のホームラン王争いに挑み、後ろを打つ背番号6は打点王を射程圏内にとらえていた。「落合さんはすごいですよ。あの年齢まで現役をやってるだけじゃなく、あれだけ打ってるんですから」と松井は大先輩の技術と体力に驚いてみせた。「僕が四番を打てるようになれば、落合さんはもっとラクにプレーできるだろうし……。四番を打てる資格を、早く手に入れないとダメですね。だれもが認めてくれるような数字を残して、四番に座ってからもそういう数字を残せるようにならないと。落合さんによく言われるんですよ、『お前、早く四番打てるようになれ』って（笑）」（週刊ベースボール1996年7月29日号）

8月27日、首位攻防の広島戦。7対0から同点に追いつかれた直後の8回表二死一、二塁のチャンスで、四番落合が白武佳久からライト線へ決勝タイムリーを放った。「勝てばいいんだよ。ガルベスと斎藤（雅）が投げる試合は、負けるわけにはいかないんだから」と安堵のコメントを残すオレ流だが、この打点が史上7人目の通算1500打点だった。落合自身ものちに「完璧な打ち方」と自画自賛する会心の決勝打である。

なお、その試合で落合は21号ソロを含む3安打2打点。松井も場外に150メートルの34号特大アーチを放つなど3安打4打点の大活躍。相手バッテリーは絶好調の背番号55の後ろに四番落合が控えているため、勝負を避けることはできない。「三番松井・四番落合」のMO砲は結成3年目にして最高の状態にあった。

「シーズン絶望」死球事件

当然、ライバルチームは、巨人打線の中心にいる四番をつぶそうと厳しい攻めが続く。確かに、危険な予兆はあった。そして、8月31日、夏休み最後の夜のナゴヤ球場での中日戦を迎えるのである。

4対3と巨人1点リードの7回表、マウンド上の野口茂樹は二死二、三塁で四番落合と対峙する。その時点の打撃成績は打率・301、21本塁打、86打点。前の打席でも中前タイムリーを放っている天敵に対して、中日バッテリーは初球から容赦なく内角を攻めた。野口の投じた144キロのストレートが、落合の頭部付近を襲うのだ。体を捻って必死にそれを避けるも、ボールは左手を直撃し、打席に倒れこむ背番号6。苦悶の表情で左手小指付近を押さえて立ち上がれない主砲のもとに、ベンチから長嶋監督も心配そうに駆け寄った。

「八月に左手首にデッドボールをもらったのは今でも悔いが残っている。あの年は絶対に打点王を獲れると思っていたから。ワンアウト三塁で松井が三振してね。あの打席だけは『松井で一点取れなかったら、俺、絶対やられるな』って予感があった。バッターボックスに入って、通常の位置からスパイク一個分くらい後ろに下がったのに、それでもぶつけられた。俺のヨミに甘さが

あった」（VHS「長嶋茂雄 第三巻 背番号33の時代」BOOK「証言・長嶋茂雄」／メディアファクトリー）

落合は5年間ともに戦った星野仙一が率いる中日のケンカ野球を誰よりも熟知していた。だからこそ、警戒して打席に入ったが、それでも避け切れないビーンボールが投げ込まれた。それは一歩間違えば、選手生命すら脅かす危険な一球だった。

「テレビの解説者が『落合は打ちにいったからぶつかった』みたいなことを言っていたらしいけど、何にもわかってないね。打ちにいったんじゃないよ。打ちにいって（多少でも踏み込んで）いたら、頭か顔に当たっているんだ。打ちにいっていないから手でよけられたんだ。（頭に当たって）蝶々が飛ぶより、指を1本折る方がずっとましでしょ」（不敗人生 43歳からの挑戦／落合博満・鈴木洋史／小学館）

左手小指中手骨の亀裂骨折――。当初は全治2週間の診断も、都内の病院で再検査を受けると完全骨折で全治4週間と判明。シーズン中の復帰は絶望視される重傷だった。ペナントを20試合残して、絶対的な存在感で巨人打線を牽引してきた背番号6が無念の戦線離脱である。

その自軍の四番が死球に倒れ、途中退場した絶対に負けられない試合で、9回に勝負を決める左翼への決勝タイムリー二塁打を放ったのは松井だ。長嶋監督も「今の松井は不可能を可能にするパワーがあります」と絶賛した若きスラッガーは、8月も打率・392、11本塁打、34打点と勢いは衰えず2カ月連続の月間MVPを受賞する。8月を19勝7敗の首位で終えたチームは、その後も広島や中日と一進一退のデッドヒートを繰り広げた。

長嶋巨人が歴史的な逆転劇に向けて戦い、四番落合が離脱した1996年夏の終わり――。白熱するペナントレースの行方とは別に、自身の去就に悩む、パ・リーグのひとりのスター選手がいた。11年前のドラフト会議でジャイアンツ入りを熱望するも、夢破れ悔し涙を流した、巨人軍に死にたいくらいに憧れた男。

西武ライオンズの清原和博である。

落合が絶賛「超一流のバッティングピッチャー」

「落合の穴は投手力でカバーするしかない。4点打線が1点から1・5点はマイナスになりますから」

頼れる主砲の長期離脱に普段は前向きなコメントが多い長嶋監督も広島や中日との三つ巴の優勝争いに向けて悲壮な決意を語った。

ペナントレースは残り20試合を切っており、本塁打王を争う絶好調の松井は三番から動かさず、代役四番は来日2年目のシェーン・マックを抜擢する。

落合も自著で「私の現役時代に出会った最高の外国人選手と言っても過言ではない。とにかく野球に対して真面目。試合でも練習でもよく悩んでいたが、その悩みのレベルも高く、悩みを解消するのも早かった」（野球人／落合博満／ベースボール・マガジン社）と絶賛した元メジャーリーガーのマックである。ツインズでも四番も打っていたが、日本野球に適応しようと試合後のスイングルームに落合を呼んで、自分のフォームをチェックしてもらう貪欲さを持っていた。

9月18日には広島と同率首位で並び、24日に東京ドームで広島との直接対決を制すと残り6試合で初の優勝マジック5が点灯。一度は消えたが、10月1、2日のヤクルト戦で斎藤雅樹、槙原寛己が連続完封でついにV王手。メークドラマのフィナーレは129試合目に訪れる。10月6日、中日に5対2で勝利すると名古屋の夜空に長嶋監督は7回宙を舞った。そして、「必ず優勝するから、治療に専念して日本シリーズには間に合わせてくれ」と長嶋監督から言われていた落合は、ここからシリーズでの復帰に向けて人知れず始動する。

「私の骨折は順調に回復していたが、骨がくっついたからといって、すぐにプレーができるわけではない。ここから体をつくり直し、バットを振れる状態にして初めて試合に復帰できるのだ。ところが、日本シリーズ開始の10日前になっても、骨は完全にくっつかなかった。私には、もう本当に時間がなかった。そこで、医者の制止を振り切って練習を始めることにした」（コーチング 言葉と信念の魔術／落合博満／ダイヤモンド社）

オリックスとの日本シリーズの初戦は10月19日。逆算していつから打撃練習を始めなければならないかを考えた落合は、約1週間前からバットを振ることを決意する。時間が足りないのは自覚していたが、長嶋監督と約束したからには絶対に間に合わせてみせる。仮に強行出場したことによりつぶれたとしても、来年のキャンプまでに治せばいい。落合の長嶋茂雄への想いは一途だった。

「そこで、私は何を考えたか。1日で2日分の練習をして間に合わせることにしたのである。シリーズまでの数日間、私は昼夜兼行でひたすらバットを振った。およそ3000球は打ち込んだだろうか」（プロフェッショナル／落合博満／ベースボール・マガジン社）

午前中から打撃練習を開始して、チームの全体練習を終えた午後にも同じ数だけバットを振った。そのすべてのボールをひたすら投げ続けたのは、打撃投手の岡部憲章だ。阪神で現役引退後、東海大相模高の同級生・原辰徳の誘いで、巨人の打撃投手をすることになったあの岡部である。1994年7月中旬、球団から「落合担当になってほしい」と打診があって以来、背番号114は巨人時代の落合の欠かせない相棒だった。

オレ流が「『超』のつく一流まで腕を磨き上げたプロ中のプロ」と絶大な信頼を寄せる岡部の協力もあり、落合は長嶋監督の要望通り、本拠地での日本シリーズ初戦に「四番一塁」としてスタメン出場を果たす。故障箇所への衝撃を少しでも和らげようと、いつものように素手ではなく、左手には黒い革手袋をして打席に入る背番号6の姿があった。

イチロー23歳「ホレボレする」

四番落合は、初回の第1打席で星野伸之からセンター前へ先制のタイムリー。4打席目と5打席目も安打を放ち、いきなり猛打賞の復活劇を見せる。試合は3対3の同点で迎えた延長10回、イチローが河野博文から決勝アーチを叩きこみオリックスが先勝するが、そのパ・リーグ3年連続MVPの背番号51ですら、自分より20歳上の打撃職人の技術に感嘆した。

「何かで〝ヒットだけならばいつでも打てる〟というのを読んだことがあるけれど、それもわかるなって感じ。ホレボレするような技術がありますネ。特に、8回の鈴木（平）さんから打ったラ

イト前安打なんて、これがバッティングってお手本でしたもの。すごいスよ」（Ｎｕｍｂｅｒ４０５号）

イチローと松井秀喜という平成の新世代スター同士の顔合わせは「ドリームシリーズ」と話題を集め、第１戦が行われた東京ドームには４万５１２１人の大観衆が集結。ドーム開場以来最多の２０００人の徹夜組が並んだ。日本中が注目した大一番のＣＭは１分間３０００万円にまで跳ね上がり、関東地区で43・１％のテレビ視聴率を記録する。

当日、日本テレビのゲスト解説に呼ばれたのが、西武の清原和博だった。子どもの頃、祖父の膝の上に座って見たテレビの中の煌びやかな巨人戦。王貞治がホームランを打つと、決まって「和博、日本一の男になれ」と大好きな祖父は笑った。少年時代の輝ける記憶は、ときに男の人生を決める。あの頃、憧れた夢の舞台は、すぐそこにあるかのように思われた。去就が注目される中、清原はこの８日後、ついにＦＡ宣言をするのである。

終章　巨人軍に裏切られたのか

1996年10月27日、FA宣言する西武・清原和博（29歳）。
ここから落合も巻き込んだ混乱の1カ月が始まる
Sankei Shimbun

22

FA移籍「落合博満vs.清原和博」騒動

「実際、シリーズではバッティングになっていなかったじゃない。骨折箇所の痛みだけじゃなくて、その影響でいろんなところの痛みが出てくるから、どう振ったら一番負担が少ないかというのを手探りしていたような状態だよね。だから、自分でも思ったよ、あ、このシリーズは打てないなって。第1戦の最初の打席で（星野伸之から）センター前に打ったけど（先制打）、あれは〝休み肩〞と一緒。よく休み明けの馬がよく走ったりするでしょ。あれと同じことだよ。その証拠にその後は打ってないでしょ」（不敗人生 43歳からの挑戦／落合博満・鈴木洋史／小学館）

１９９６年の日本シリーズ、落合は初戦で猛打賞を記録するも、それ以降はわずか1安打と沈黙。負傷箇所は万全とは程遠く、第4戦では7回に小林宏から死球を受けるなど、1試合3四死球と相手バッテリーから徹底的にマークされた。4勝1敗でオリックスが初の日本一に輝くと、落合は「終わったよ。これでゆっくり休める」と多くを語らず、グリーンスタジアム神戸をあとにした。

そして、日本シリーズが閉幕すると、「ＦＡするにしてもしないにしてもシリーズが終わってからはっきりさせたい」と発言していた西武の清原の動向に注目が集まる。プロ11年目のシーズンを打率・２５７、31本塁打、84打点という成績で終え、自身8年ぶりの全試合出場を果たすも、悲願の本塁打王のタイトルはトップのニール（オリックス）にわずか1本差で涙を飲んだ。３年連続首位打者のイチローを擁するオリックスがリーグ連覇を飾ったことにより、西武と清原の時代は終わったと指摘する声すらあった。通算３２９本塁打のスラッガーも近年は精彩を欠いていたが、その清原のことを気にかけ、メディアを通して叱咤激励し、オールスターやオープン戦で顔を合わせれば打撃のアドバイスを送ったのが落合だった。それどころか、20歳以上離れた自分と松井の間に、中間世代の清原が入ればワンクッション置けると巨人サイドに獲得を進言すらしていたのだ。

「日本球界は、これからは、松井、清原、イチロー。この3人で背負っていってもらわなきゃ。問題は清原だよ。あいつをなんとかしなくちゃいけない。もったいないよな。開幕のときにテレビでちらっと見たけど、良くなかった。本当にもったいないよな」（週刊現代１９９６年5月11・18日号）

清原にダメ出し「高校時代のほうがよかった」

ふたりの師弟関係は、落合のロッテ在籍時、清原がプロ入りした１９８６年から始まり、その年の開幕直前に両者の対談が企画されている。前年の三冠王を前に緊張を隠せないルーキーの清原に、当時32歳の落合が気さくに話しかけ、「高校のときのほうが〝構え〟がよかったな」と打撃フォームについても指摘する。

〈落合「だいたい、構える姿勢がよくない。猫背になっている。いま、ものすごくボールにバットを当てたいだろう。そういう感じがしない?」
清原「ええ。そういう気持ちはものすごくあります」
落合「ということは、来たボールを自分でのぞきにいってる。自分でのぞきにいって、自分のストライクゾーンを崩している」
清原「……はい」
落合「だから、もっと背筋を伸ばして、真っ直ぐに立たなきゃ。高校のときは、プロ(の選手)にもめったにいないような、いい構えをしていたんだから、要は、早く昔のかたちを思い出すことだな」〉(週刊宝石1986年4月18日号)

非情なドラフトで巨人入りの夢破れるも、思い切ってプロの世界に飛び込んだ18歳を甘やかすでもなく、落合はときに厳しく親身になってアドバイスをした。そして、集客に苦しむパ・リーグの救世主として、さらには球界の未来を託せる逸材と見込んで、熱いエールを送るのだ。

〈落合「パ・リーグばかりでなく、プロ野球そのものを繁栄させるために、おまえのような選手が人一倍の成績をあげる、というのがいちばんいいし、手っ取り早いわけさ。それには、自分の体は自分で作れ。そして、大いに苦しめ。おまえが成長して、挑戦して来る日を楽しみにしてい

るから」〉（同前）

清原はそんな厳しくも優しい当時のＮＰＢ最強打者に心酔する。ロッテ戦になると、尊敬する落合がイレギュラーで怪我しないよう、攻守交代の際に一塁ベース付近を念入りにスパイクの底でならしてからベンチへ帰る背番号３の想い。86年オフ、落合はトレードで中日へ移籍。パ・リーグでの共闘はわずか1年で終わりを告げたが、あれから10年が経過しても清原の視線の先には、常にオレ流がいた。打撃不振に陥ると、こんな西武首脳陣のコメントが誌面を賑わせる。

「清原はコーチのいうことにいっさい耳を貸さない。アドバイスできるのは落合だけ。スランプに陥っても、いつまでも一人で悩んでる」（週刊現代１９９６年4月27日号）

異例の声明「西武から出せない」

１９９５年にＦＡ権を取得した清原だったが、肩の怪我もあり、西武残留を決断。契約更改では自ら減俸を申し出て、２０００万円ダウンの2億３０００万円プラス出来高でサインするも、複数年契約を拒否して単年契約にこだわった。翌96年は、開幕直後から多くのメディアが、シーズン後の清原のＦＡでの巨人入りを決定事項のように報じたが、それでもなお西武グループにとって背番号３は、ミスターレオであり、球団の顔だった。

西武球場では8月27日から9月1日まで清原の29歳の誕生日を記念して、「ナイキ清原デー」を開催。西武球場前駅から球場までの道のりは清原のポスターで埋めつくされた。9月16日には、堤義明オーナーが「清原を西武から出せないというより、西武は清原を中心に作ってきたチームだから」（週刊ベースボール1996年10月7日号）という異例の声明とともにあらためてFA移籍を引き留める姿勢を打ち出す。

だが、背番号3を巡る現場の見解は、フロントとは真逆だった。当時の西武は、9シーズンで8度のリーグ優勝という圧倒的な強さを誇った森祇晶監督が退任して、秋山幸二や石毛宏典ら黄金時代を支えたメンバーも続々と所沢を去っていた。95年から指揮を執る東尾修監督のもと、鈴木健や松井稼頭央ら若手選手を中心にチーム再建に乗り出す時期だったのだ。

「世代交代を図らなければならない段階だったが、清原がベンチでブスッと座っていると、周りの若手は萎縮してしまう。清原は左肩に脱臼癖があるため、野手の一塁送球が少しでも右側にずれると嫌な顔をする。そのためセカンドの高木浩之はイップスになってしまった。とにかく、当時は清原の存在が悪循環ばかりを生んでいた」（負ける力／東尾修／集英社）

東尾は現役時代に清原を弟分として可愛がった。ルーキーの清原が4回目の門限破りで200万円もの罰金を科せられ、もう球団を辞めると泣きを入れると、見かねたベテラン東尾が森祇晶監督に罰金減額の直談判をしてくれた。東尾だけじゃない、エース格の渡辺久信も18歳の背番号3を自分の車に乗せて、青梅街道沿いのリンガーハットで長崎ちゃんぽんを奢ってやった。あの頃の清原和博は、みんなの弟だったのだ。

「西武では孤立している雰囲気でした」

やがて月日が経ち、兄たちは続々とチームを去り、清原が西武を背負う立場になった。だが、若手陣は黄金時代からの主力で堤オーナーから寵愛を受ける偉大な背番号3の存在に萎縮している。監督の東尾にはシビアな決断が求められた。西武の将来のために、誰よりも可愛がった清原を外した新チームを作るという決断である。

同時に巨人という注目を集める環境で、師匠と慕う落合のもとでならアイツは復活するのではないか……。東尾にはそんな親心もあった。豪快そうに見えて、繊細な一面を持つ清原は当然、自身の置かれた立場や東尾の苦悩には気付いていた。

「東尾さんには現役時代から可愛がってもらいました。（中略）だから、優勝するための力になりたかったんです。でも台頭してきた若手とは年も離れていて、みんなが僕に気を使って、孤立しているような雰囲気でした。それで、このままいると迷惑をかけるのではないか、自分が出て行った方が東尾さんもやりやすいんじゃないかと……。僕はチームリーダーになって、みんなを引っ張れる人間じゃないので」（告白／清原和博／文藝春秋）

球団との駆け引きで巨額の年俸を引き出すこともせず、ロッカールームの派閥作りに走るわけでもない。ある意味、清原は一本気な男だった。子どもの頃から巨人に憧れる一方で、尊敬する落合の打撃をプロ入り以来ずっと追いかけていたのだ。オフにチャリティーゴルフで顔を合わせると、ラウンド後の風呂で落合の背中を流し、素っ裸のまま打撃の指導を請い、互いに熱中するあまりパーティーの時間を忘れてしまったこともあったという。ついに手にしたＦＡ権で、その落合のいる巨人へ行けるチャンスが目の前にある。

しかし、運命は残酷だった。清原は前年の右肩亜脱臼の影響で一塁以外守れず、セ・リーグにＤＨ制度はない。それは、巨人入りすれば、師匠の落合とひとつしかないポジションを争うことを意味していた。仮に勝ったとしても、結果的に自分の移籍がオレ流の居場所を奪う形になるだろう。

１９９６年10月27日、ついにミスターレオは西武球団にＦＡ申請書を提出。だが、喧噪の中、巨人軍と落合博満の狭間で、29歳の清原は苦悩する――。

落合は残留するつもりだった

「西武と決裂したら、ウチは何が何でも清原を獲るべきだね。オレだってそう長くはないし、では後の四番を考えたら清原しかいない。ここ何年間か打てないけど、オレから見ると原因がはっきりしている。それを直すのは、そんなに難しいことではない。オレはキヨを本来の姿にする自信がある」（週刊ベースボール１９９６年12月23日号）

西武の清原がＦＡ宣言した６日後の１９９６年11月２日、落合は10年来の師弟関係にある清原について、自分の手で再生してみせると口にした。落合自身は、翌年もチームに残留することをシーズン中に読売新聞社の渡邉社長や長嶋監督とのやり取りで確認しており、本人も当然そのつもりでいた。

12月9日で43歳になる落合の１９９６年シーズンは、８月末に死球による左手小指中手骨の亀裂骨折で離脱するまで、打率・３０１、21本塁打、86打点、得点圏打率・３４５という堂々たる打撃成績を残し、長嶋巨人の〝メークドラマ〟に大きく貢献した。対する29歳の清原は西武11年目で、31本塁打を放ち、自身4年ぶりの30発をクリアするも、得点圏打率・２４８とここ一番での勝負弱さを度々指摘される。その課題も、「オレがいつも近いところで見ていれば、いろんなことをアドバイスできるだろう」と落合は考えていたのだ。

そして、周囲も「巨人・清原」の誕生に向けて交渉解禁前にもかかわらず、フライング気味に後押しする。日本テレビ社長の氏家斉一郎は、ミスタープロ野球の去就について、ＦＡ宣言の翌日に獲得容認とも受け取れるコメントを残した。

「当人の意志を無視してはいけない。親の都合で子供の結婚を認めないというのはまずい。嫁に来たがっている者を親が反対できないだろう」（週刊文春１９９６年11月7日号）

すでに巨人入団は決定的という雰囲気の中で、プロ野球コンベンションと日米野球レセプションが行われた10月31日、清原は西武関係者と交渉を行い、「外で勝負したい。ドラフトのクジで人生を決められ、自分なりに精いっぱいやってきた。今度は自分が決めた道で勝負したい」とついに他球団移籍の決断を伝える。兄貴分の東尾修監督も、「彼にとっては巨人がやっぱり初恋や夢のようなものなんだ」と理解を示した。

「若いミュージシャンが、『いつかは武道館でコンサートをしたい』というような夢を語ることがある。僕がジャイアンツで野球をやりたいという夢は、つまりその武道館コンサートにも似たものだった。ジャイアンツの選手として活躍すること。それがジャイアンツの試合をテレビで観ながら、祖父に『日本一の男になれ』と言われて育った僕の夢だった」（男道／清原和博／幻冬舎）

黄金時代の西武で四番を張り、11年間で8度のリーグ優勝と6度の日本一に輝いたが、FA権を取得すると、一度は蓋をした少年時代の夢が蘇ってきた。背番号3は11月4日に西武球場で行われた日米野球第4戦に出場。スタンドでは「いつまでも西武の清原でいてくれ」「永遠のミスターライオンズ清原和博」といったファンの横断幕が掲げられたが、試合後に本人は「西武のユニフォームを着てここでやるのは最後になるでしょう」とあらためて移籍の意思を口にする。

11月10日に日米野球の全日程が終了した翌11日、清原は入団時から何かと自分を気にかけてくれた西武の堤義明オーナーのもとを訪れ、退団の挨拶。堤オーナーはのちに「娘を嫁にやる父親のような気持ちだったよ」とミスターレオを失った喪失感を振り返っている。

「ドラフトのことを謝ってもらえませんか？」

ライオンズブルーに別れを告げ、11月12日に他球団との交渉が解禁となると、13日にはさっそく都内のホテルで巨人との初交渉に臨む清原。すべてはトントン拍子に進み、この日には入団合意するのではという見方もあったが、事態はここから意外な展開を見せる。

「当時の球団代表は約束の部屋で会うなり、チーム内の年俸での序列などを話して『この条件しか出せない』と言ってきました。なぜ僕が欲しいかとかそういうことではなく、来るなら来れば、という感じを受けたんです。だから、まず『僕の中では11年前のことが整理できていないんです。ドラフトのことを謝ってもらえませんか』と言いました。そうしたら、その人は僕の言葉を聞いて笑ったんです。そんなこともあったねえって、ドライな感じの笑いでした。結局、謝罪のないまま『君が来るなら落合を切るんだ』とか他の選手のことを話し始めた」（告白／清原和博／文藝春秋）

交渉時間に遅刻してきた巨人の深谷尚徳球団代表、鯉渕昇同代表補佐は「ツチに入りたいなら、入れてやるよ」という態度で、旧年俸2億4000万円から上限いっぱいの3億4500万円ではなく、年俸3億円の2年契約を提示。さらに一塁を空けて待つという意味で良かれと思って口にした「落合のリストラ」も、清原に「いつか自分もその切られる側になるのではないか」と不信感を抱かせてしまう。実は巨人が清原と交渉する前日の12日夜、深谷代表は「（長嶋）監督が必要だと思っても、経営の問題があるし簡単にはいかない。全体をみていかないと。リストラとはそういうものでしょう」と落合切りを遠回しに予告していた。すかさず13日朝、スポーツニッポンが「落合退団」をトップで報じ、翌14日は日刊スポーツも「落合解雇」の　面で続き、各メディアがオレ流の肉声を取ろうと本人のもとに殺到する。

落合はもともと1996年1月末の人事で送り込まれた深谷球団代表、鯉渕同代表補佐、その前年にアマ球界から招へいした石山建一編成部長ら現体制の動きに不信感を抱いていた。渡邉社長や長嶋監督の意向とは関係なく、フロント陣は本気で自分を追い出そうとしている。清原の交渉過程で、その情報が公になると、オレ流は頭を下げて残留を請うでもなく、そのまま黙って引き下がるような男でもなかった。伊豆の吉奈温泉で巨人のベテラン・中堅組とオーバーホールを行っていた落合は、14日夕方、自宅に戻ると集まった報道陣に向かって怒りをぶちまけるのだ。

「あいつ（清原）は12月31日までに返事をすればいいんだろ。どっちにしても清原待ちか……。そこまで待たせるのは失礼な話だよ。オレがいらないなら10月の時点でクビを切ればいいんだ」（週刊ベースボール1996年12月2日号）

追い込まれた落合博満が、巨人軍に対して反撃に出たのである。

23
幻の"巨人残留オファー案"

1996年11月28日、落合（42歳）の退団会見。長嶋監督と並ぶ姿は、3年前の入団会見を思い出させた
Sankei Shimbun

「フロントの発言を知って、特別に大きな驚きとかショックというのはなかった。ついにきたか、という感じ。こいつら、馬鹿だな、何の権限があってやっているのかなって。でも、俺はすぐに腹をくくったんだよ。いくら渡邉社長と長嶋監督が俺を必要としてくれていても、契約交渉の当事者であるフロントがそこまで俺を外したいと思っていて、こういうふうに問題が表面化したからには、もうジャイアンツと契約することはないだろうと」（不敗人生 43歳からの挑戦／落合博満・鈴木洋史／小学館）

実際、落合はオーバーホール中の吉奈温泉で巨人の同僚選手たちに「今まで世話になったな」と別れの挨拶をしていたという。だが、14日夕方に報道陣に向かってぶちまけたオレ流の「失礼な話だ」という怒りのコメントに、巨人フロント陣は焦る。緊急会議の末、同日深夜、午後10時45分に紀尾井町のホテルニューオータニの玄関脇で、深谷代表が「契約は〝白紙〟と言ったが、〝解雇〟とは言ってない」と苦しい弁明とともに「落合残留」を発表した。それを受け、午後10時55分に再び都内の自宅前で、「残留と言われても、条件も知らされていない。これで契約更改の場につけるということがわかった。一度はクビだったんでしょ」と語るオレ流。騒動は沈静化すると思われたが、打撃コーチ兼任の年俸4億500万円の現状維持での残留案が報じられるも、「飼い殺しにされるのはご免だ」と怒りはおさまらなかった。

この混乱の渦中、11月15日には清原が阪神との初交渉を迎える。2年連続の最下位に沈むチームを改革するために、どうしても柱になるスター選手が欲しかった吉田義男監督は、交渉解禁日の朝に清原の自宅へ電話を入れていた。のちに明らかになるが、このときの阪神は総額30億円超えの10年契約に加え、将来の監督就任を含めた終身雇用という前代未聞の大型契約を提示したのである。巨人とは比べ物にならない熱量と好条件に、交渉後の清原の表情も明るかった。

「吉田監督から〝阪神はタテジマのユニフォームをヨコジマに変えるくらいの気持ちだ〟と言っていただいて……。部屋が暑かったせいもありますけど、十分すぎる熱意で汗が出てくるような状態でした」（週刊ベースボール1996年12月2日号）

「（清原は）阪神に行っちゃうぞ」

これには落合も、「（清原は）このままだったら阪神に行っちゃうぞ。でも結局、あいつは巨人に縁がないんじゃないかな」と意味深な発言。フロント陣に対しては「今回の問題は責任問題につながるんじゃないの。球団のだれかのクビが飛ぶだろう」と斬り捨てた。15日夜から家族と静岡県の川根町に温泉旅行へ出かけた落合だったが、川根町のペンションには多くの記者が同行して、連日そのコメントが紙面を賑わせ続ける。

「（FAで）来るときはさんざんいいことを言っておいて、手のひらを返したようになるんだから。おかしなもんだよな。最初はクビで次は残留だからな。バカにされたもんだ！」（日刊スポーツ1996年11月17日付）

複数年契約の要求が受け入れられない場合は他球団への移籍を示唆。長嶋監督と会うことも「言い訳は聞きたくない」と拒否をする。さすがに複数年要求には深谷代表も「常識で分かるでしょう」と不快感を露わに。当時の川根町は携帯電話の電波が届かない地域で、スポーツ紙を介しての舌戦が続いた。だが、このままでは本当に落合も清原も逃すことになる。焦った巨人側は、長嶋監督が清原に永久欠番の「背番号3」の禅譲を明言。11月20日の2度目の交渉では、自ら出馬し「思い切って僕の胸に飛び込んできてほしい」と清原を口説き、3年契約で上限いっぱいの年俸3億4500万円を再提示する。後日、11年前のドラフトの件も、渡邉オーナーが「お父さんお母さんにまで悲しい思いをさせて申し訳なかった」と清原の両親も交えて謝罪したという。

ナベツネの反撃

「選手は『商品』だ。契約に応じ動かされるのは当たり前。といっても、この商品には感情があり、誇りがある」（朝日新聞1996年11月20日付）

朝日新聞の「天声人語」でもこの騒動が取り上げられるほど世間の関心も高まる中、東京に戻った落合は、23日のファン感謝デーの紅白戦で先発投手としてマウンドへ上がると、楽しそうに

1イニングを無失点で投げ切り、球団納会にも出席する。なお、当日の「スポーツ報知」一面は、「落合『巨人に残る』」。電話取材に応じ、打撃コーチ兼任案にも「キヨだってバッティングでオレに聞きたいことがあるんじゃないの？　そうなったら確かに肩書があったほうがいいかもしれないな」と前向きなコメントを残している。

その日の午後3時5分、鯉渕代表補佐の携帯電話に、清原から「阪神さんにお断りの連絡をしました。巨人さんにお世話になります」と直接連絡が入った。そして、翌日の11月24日午後4時、ホテルニューオータニの「鶴の間」で清原の巨人入団会見が行われるのである。一時は阪神の熱意に心が傾きかけるが、大阪の実家で母親から「あんたの夢はどこに行ったん？」と背中を押され、子どもの頃からの夢を追いかけることを決断した。緊張した面持ちで「命がけでやります」と決意表明する29歳の清原。もしも、このとき阪神を選んでいたら、いや師匠の落合と巨人で同僚となり多くの時間を共有して、さまざまなアドバイスをもらえていたら、男たちのその後の運命は大きく変わっていただろう。

その清原入団会見の当日、主役を社長室に招き入れて花束を贈呈したのが読売新聞社の渡邉社長だった。翌25日、東京・両国の国技館で開かれた横綱審議委員会に出席した渡邉は一連の落合騒動について、ついに怒りをぶちまける。

「（落合は）おしゃべりが過ぎたな。おれは（実母の）通夜の最中に（落合の自宅に）『連絡をくれ』と（留守番電話に）連絡先まで伝えたんだ。それが今日に至るまで連絡もない。これは礼儀正しい態度じゃないだろう。清原を利用するような発言はいかん。若い青年をダシにしちゃいかん。フロントのクビが飛ぶとか余計なお世話。おれが決めること。あれだけしゃべって本人がどう始末をつけるか。取り消してもらわないとな」（日刊スポーツ１９９６年11月26日付）

「長嶋さんは知っていたんですか？」

来季の契約については、「打撃コーチ兼任を本人がイヤと言ったら仕方ない」と突き放し、この〝ナベツネ爆弾〟を11月26日朝、各紙が一面で「落合発言『許さん』渡辺社長激怒」（スポーツ報知）、「渡辺社長キレた!!『勝手にしろ』落合出てって結構」（日刊スポーツ）と派手に報じた。

これまでOBたちの批判にさらされるオレ流をことあるごとに擁護してきた渡邉も、組織のトップとして、ひとりの選手にフロント幹部を無能と言われたからには黙っているわけにはいかなかったのだろう。落合にも渡邉にもそれぞれ守るべきメンツがあった。結局、落合問題の最終判断は長嶋監督に委ねられる形となり、11月26日と27日に都内のホテルで、極秘の直接会談が行われる。27日には長嶋邸から囮のベンツを走らせ、マスコミ各社約20台のハイヤーをそちらに誘導させる徹底ぶりだった。

「会談の中身については詳しくは言えないけど、まず、俺の方から今回の経緯や俺が知っているフロントの動きについて話した。で、こういうことを知っていたんですかって聞いた。俺が知りたかったのはそこだからね。そうしたら、長嶋監督は知らなかった。『長嶋監督もフロントとグルだった』と言う人もいるけど、あの時の長嶋さんの反応からすると、それは違うと思ったよ、俺

は」（不敗人生 43歳からの挑戦／落合博満・鈴木洋史／小学館）

だが、長嶋監督から「残ってくれ」という言葉はなく、遠回しだが言いにくそうに「来年は控え」ということを伝えてきたという。落合は自ら身を引くことを決め、他球団が獲得しやすい自由契約にしてほしいと頼み、長嶋監督もそれを了承する。最後はホテルの部屋で男ふたり、寿司をつまんで別れた。

異例だった退団会見

長嶋監督との極秘会談から一夜明けた11月28日の夕方。落合は信子夫人を伴い、東京・大手町の読売新聞本社を訪れ、渡邉社長と会談へ。「本人を立てて、私が悪妻と言われてフォローしている。これが、〝私流〟なのよ」（週刊宝石１９９６年12月26日号）とオレ流の無名時代から二人三脚でともに戦ってきた夫人は、渡邉に直接、一連の騒動の真相を確認して謝罪を受けた。

落合も「君はまだ43歳。ふつうの会社で言えば、まだ部長にもなれない年齢なので、新しいところへ行って野球人生を全うしてください」と70歳の社長から激励され握手を交わし、特別功労金として２０００万円が贈呈されることも決まった。そして、帰り際に信子夫人は渡邉から花束を受け取り、手打ちとなる。直後にフロント陣も落合に「本当にすまなかった」と頭を下げたという。

同日の夜8時、ホテルニューオータニの「鶴の間」には、深谷球団代表だけでなく、清原の入団会見と差をつけないよう同じスーツとネクタイを身につけた長嶋監督の姿もあった。金屏風の前で、自由契約の選手と並び、監督と代表が同席する異例の退団会見である。

「（長嶋）監督は小さいころからの憧れだった。自分が野球を始めたころ、監督は光り輝いていた。ただ（来季は）どうしても清原との競争になる。（自分が）ベンチに座る機会も多くなるだろうし……。その監督の苦労する顔、私と清原君の問題でこれ以上、悩む顔は見たくない。身を引こうと思ったんです。ただし、清原君にはまだ負ける気はしない。だからよそ（他球団）へいってやらせて頂きます」（週刊ベースボール１９９６年12月16日号）

巨人軍に裏切られたのか

伏し目がちで沈んだ表情の長嶋監督とは対照的に、チームを去る四番打者はときに笑みすら浮かべて心境を語り、「巨人の落合」として最後の仕事をやり切った。同僚の村田真一は、「寂しい。何でやろ、という感じ。伊豆で一緒にオーバーホールをしたベテラン組は（来年も巨人で、と）エールを送っていたのに……」とオレ流との別れを惜しんだ。ようやく2週間以上にわたる退団騒動にピリオドが打たれたわけだが、あらためて経緯を追うと、妙な違和感がある。なぜ、普段は冷静なオレ流があそこまで感情的になったのか？　フロントの不手際に腹が立ったという面はあったにせよ、らしくない。「野球を仕事として考えることが、プロ。プロ野球といえばかっこいいけれど、俺にとっては仕事、職業野球なんだよ。仕事だから野球をする」と常々公言してきた、落合らしくないのだ。

日本人選手で初の年俸1億円を突破、年俸調停もトレードもＦＡ移籍も経験し、契約社会でとことんビジネスに徹したオレ流らしからぬ球団フロントとの泥仕合。それも、すべては「長嶋茂雄のため」と考えたら辻褄が合う。なぜなら、自分が野球を始めた頃のヒーローでもある長嶋監督のもとで四番を打つというのは、落合にとって己の野球人生の集大成でもあったからだ。

「本当のことを言うと、オレは現役最後の何年間かはなにがなんでも長嶋さんのもとでやりたかったんだ。ＦＡを宣言したときも、記者には『巨人よりもいい条件の球団があったら、ビジネスとしてそちらを優先したい』と言ったけど、それは本心ではなかったんだ。とにかく憧れの長嶋さんのチームに入れたんだから、監督を男にするために自分が打つだけでなく、ゲームメーカーでもなんでもやる。自分としてはただの一プレーヤーとして巨人に行くつもりはない。巨人に貢献したいし、若い連中にも自分のいいものを残したい。本当の意味で骨を埋める覚悟でいる。また、長嶋さんの胸のなかに飛び込んで、現役最後の人生を悔いなく送りたい。信子の父親が亡くなる前に『博満、いつか巨人で働くんだぞ』と言った言葉がまだ耳にこびりついている。オレは長嶋さんが〝もう、いい〟と言うまでついていくつもりでいる」（わが友 長嶋茂雄／深澤弘／徳間書店）

清原が巨人に夢を見たように、落合もまた心の底から長嶋茂雄に憧れていたのだ。だから、ＯＢ連中にどれだけ批判されようが、背番号33を胴上げするのが自分の使命だと巨人移籍を選択した。

試合中に負傷した太ももをテーピングで何重にも巻いて、文字通り這ってでもグラウンドに出ようとした10・8決戦。亀裂骨折した小指が完治していなくとも、選手生命を懸けてバットを振り無理に間に合わせた日本シリーズ。それはオレ流の20年間の現役生活の中でも、三冠王の目標には見向きもせずチームを勝たせることにすべてを懸けた異質の3年間だった。だが、清原を獲るから、もうおまえはいらないという。これで感情的になるなという方が無理な話だ。稀代のバットマンが3年間全力で尽くして、2度のリーグ優勝と長嶋監督初の日本一をもたらしながら、最後は巨人軍に裏切られたのだ――。

しかし、屈辱にまみれた落合はそこで悲劇の主人公を演じて同情を引くことも、球団フロントと刺し違えて、現役を引退することもしなかった。1997年シーズンに向けてヤクルトと日本ハムが獲得の意思を表明しており、契約してくれる球団がある限り、そこでプレーするという己の信念に従ったのだ。無情にも長嶋茂雄のもとで野球人生を終えるという夢は散ったが、オレ流を貫き通したのである。退団会見で涙を流したと書かれたら、「鼻をかいただけ」と否定する。そして、言うのだ。「オレは、巨人に勝ったのさ」と。

「記者会見の時は俺、醒めていた。もう完璧に醒めていた。やめるんだもの。でも、野球をやめるわけじゃない、巨人をやめるだけなんだ。解雇じゃない、退団なんだ。球団からクビを切られたわけじゃない、自分からやめたんだ。だから、俺の勝ちだよ」（不敗人生 43歳からの挑戦／落合博満・鈴木洋史／小学館）

いわば、落合は土壇場で「巨人」ではなく、「野球」を取ったのだ。それは94年オフにFAで中日入りの話が出ても、読売本社から「巨人の原で終わってくれ」と懇請され残留を決断した原辰徳とは対照的な人生観だった。現在も巨人にＦＡ移籍してきた多くの選手が、引退後も指導者として雇用されている。もちろんそういう生き方が悪いわけではない。だが、落合はそれをよしとしなかった。退団時に渡邉社長から「また読売グループとお付き合いを願おうと話した」と将来のコーチ手形を提示されるも、再び巨人のユニフォームを着るのではなく、のちに中日の監督として巨人と戦う道を選ぶのだ。

94年から96年にかけて、巨人で３５２試合に出場。スタメンの四番としては３３１試合を数える。在籍３シーズンの通算打撃成績は、１２２２打数３６２安打の打率・２９６、53本塁打、２１９打点だった。

果たして、オレ流は勝ったのか、負けたのか――。栄光と混乱と狂熱をもたらした、巨人軍と落合博満の3年間は、こうして終わりを告げたのである。

【参考資料】

激闘と挑戦　落合博満・鈴木洋史　小学館
なんと言われようとオレ流さ　落合博満　講談社
勝負の方程式　落合博満　小学館
野球人　落合博満　ベースボール・マガジン社
わが友 長嶋茂雄　深澤弘　徳間書店
プロ野球 構造改革論　岡田彰布　宝島社新書
ジャイアンツ愛 原辰徳の光と闇　赤坂英一　講談社
プロ野球 視聴率48・8％のベンチ裏　槙原寛己　ポプラ社
プロフェッショナル　落合博満　ベースボール・マガジン社
長嶋巨人 ベンチの中の人間学　元木大介・二宮清純　廣済堂新書
長嶋巨人・ここまで暴露（バラ）せば殺される　長嶋巨人番記者　あっぷる出版社
さらばサムライ野球　W・クロマティ、R・ホワイティング共著／松井みどり訳　講談社
野球は人生そのものだ　長嶋茂雄　日本経済新聞出版社
10・8 巨人vs.中日 史上最高の決戦　鷲田康　文春文庫
VHS「長嶋茂雄 第三巻 背番号33の時代」 BOOK「証言・長嶋茂雄」　メディアファクトリー
我が道　中畑清　スポーツニッポン新聞社
不敗人生 43歳からの挑戦　落合博満・鈴木洋史　小学館
不動心　松井秀喜　新潮新書
エキストラ・イニングス 僕の野球論　松井秀喜　文春文庫
コーチング 言葉と信念の魔術　落合博満　ダイヤモンド社
告白　清原和博　文藝春秋
負ける力　東尾修　集英社インターナショナル
男道　清原和博　幻冬舎

日本プロ野球トレード大鑑：日本プロ野球史を彩ったもうひとつのドラマ１９３６―２００１　ベースボール・マガジン社
ＮＩＫＫＡＮ ＳＰＯＲＴＳ ＧＲＡＰＨ増刊号 激勝!!長嶋巨人　日刊スポーツ出版社
月刊長嶋茂雄Vol.12「10・８」と「メークドラマ」　ベースボール・マガジン社
ベースボールマガジン１９９５年冬季号　１９９４年プロ野球ペナントレース総決算　ベースボール・マガジン社
ベースボールマガジン１９９６年冬季号　１９９５年プロ野球ペナントレース総決算　ベースボール・マガジン社
週刊ベースボール別冊冬季号　２００５プロ野球総決算　ベースボール・マガジン社
週刊ベースボール別冊初冬号　よみがえる１９８０年代のプロ野球 ＥＸＴＲＡ(2) パ・リーグ編　ベースボール・マガジン社

そのほか以下の雑誌・新聞も参考にしました
Ｎｕｍｂｅｒ／週刊ベースボール／週刊文春／週刊新潮／週刊読売／週刊現代／週刊ポスト／週刊宝石／サンデー毎日／週刊サンケイ／週刊明星／現代／プレジデント／月刊プロ野球ニュース／小説新潮／ＴＨＩＳ ＩＳ 読売／ＦＲＩＤＡＹ

日刊スポーツ／スポーツニッポン／スポーツ報知／東京スポーツ／東京中日スポーツ／朝日新聞

【映像】
スポーツフロンティア　テレビ朝日／プロ野球ニュース　フジテレビ／ラブジェネレーション　フジテレビ／劇空間プロ野球　日本テレビ／神様に選ばれた試合１９９４年伝説の10・８決戦　テレビ朝日／落合博満のオレ流チャンネル　ＹｏｕＴｕｂｅ／清ちゃんスポーツ　ＹｏｕＴｕｂｅ／スポーツＷＡＶＥ　フジテレビ／ニュースＪＡＰＡＮ　フジテレビ

初　出　本書は「ＮｕｍｂｅｒＷｅｂ」で２０２３年８月〜２０２４年６月まで連載したものに加筆修正したノンフィクション作品です。

装丁・装画　城井文平

中溝康隆（なかみぞ・やすたか）
１９７９年、埼玉県生まれ。大阪芸術大学映像学科卒。２０１０年開設のブログ『プロ野球死亡遊戯』が話題に。「文春野球コラム ペナントレース２０１７」では巨人担当として初代日本一に輝いた。著書に『プロ野球死亡遊戯』（文春文庫）、『キヨハラに会いたくて 限りなく透明に近いライオンズブルー』（白夜書房）、『起死回生 逆転プロ野球人生』（新潮新書）など。
X：@shibouyugi

巨《きょ》人《じん》軍《ぐん》vs.落《おち》合《あい》博《ひろ》満《みつ》

二〇二四年一〇月一〇日 第一刷発行
二〇二四年十一月二〇日 第三刷発行

著　者　中《なか》溝《みぞ》康《やす》隆《たか》
発行者　松井一晃
発行所　株式会社 文藝春秋
〒一〇二－八〇〇八
東京都千代田区紀尾井町三－二三
☎〇三－三二六五－一二一一（大代表）
組　版　エヴリ・シンク
印刷所　ＴＯＰＰＡＮクロレ
製本所　大口製本

ISBN978-4-16-391905-8　Printed in Japan